KB087492

내게는 특별한
이탈리아어를 부탁해

첫걸음

다락원

사진 출처

Shutterstock

p.62	JIPEN | f11photo
p.72	Heracles Kritikos | Botond Horvath
p.82	katatonia82 | RossHelen
p.112	serato
p.122	posztos
p.128	S.Candide | SkandaRamana | Diego Maravilla | Takashi Images | Yaya Photos | FooTToo | Viacheslav Lopatin
p.132	Tupungato | Ivan Kurmyshov | Stanislav Samoylik | Takashi Images
p.142	M. Rohana
p.148	aslysun | Halinskyi Max | smpoly | Cineberg | Stavrida | poludziber | Alessandro Tortora
p.152	Alla Khananashvili
p.162	essevu
p.182	Massimo Todaro
p.188	WorldWide | Ratikova | VILTVAR | Sasha Wallis | MikeDotta
p.192	Riccardo De Luca - Update
p.202	Paolo Bona | Fabrizio Annovi
p.212	Katsiaryna Pleshakova
p.222	Steve Cukrov | Cineberg | Kristi Blokhin | Luigi Bertello

Wikimedia Commons

p.152	ZeAP97(CC BY-SA 4.0)

내게는 특별한 이탈리아어를 부탁해

지은이 최정윤
펴낸이 정규도
펴낸곳 (주)다락원

초판 1쇄 인쇄 2022년 8월 18일
초판 1쇄 발행 2022년 8월 29일

책임편집 이숙희, 박인경, 한지희, 노우진
디자인 윤지영, 윤현주
일러스트 SOUDAA
감수 Fabio Pezzarini
녹음 Fabio Pezzarini, Chiara Kim, 김성희, 김희승

다락원 경기도 파주시 문발로 211, 10881
내용 문의 : (02)736-2031 내선 420~426
구입 문의 : (02)736-2031 내선 250~252
Fax : (02)732-2037
출판등록 1977년 9월 16일 제406-2008-000007호

값 18,000원 (본책＋주요 표현 미니북＋동영상 강의＋MP3 무료 다운로드)

ISBN 978-89-277-3294-5 13780

http://www.darakwon.co.kr

다락원 홈페이지를 방문하시면 상세한 출판 정보와 함께
MP3 자료 등 다양한 어학 정보를 얻으실 수 있습니다.

내게는 특별한
이탈리아어를 부탁해

첫걸음

최정윤 지음

머리말

공연장에서 브라보(Bravo)를 외치며 환호하거나 카페에서 카푸치노(cappuccino)를 주문해 본 적이 있나요? 이렇듯 로마 제국에서 고대, 중세까지 찬란한 역사 속에서 수많은 예술 작품이 탄생한 낭만적인 나라 이탈리아의 언어는 우리에게 생각보다 친숙한 존재입니다. 뮤지컬이나 오페라 공연에서부터 커피의 종류, 자동차나 가전제품의 브랜드명까지 이탈리아어는 우리 일상에서 자주 사용되고 있습니다.

이탈리아뿐 아니라, 스위스를 포함한 인근 국가 및 해외 교포들을 포함하여 약 7천만 인구가 이탈리아어를 사용하고 있습니다. 이탈리아어는 서양 문명의 주류를 형성하던 16세기까지 서구 유럽에서 문화인들이 사용하는 국제어로서 역할을 담당했습니다. 오늘날에는 이탈리아 여행을 계획하거나 성악이나 건축, 패션을 전공하고자 유학길에 오르는 사람들이 매년 늘어나고 있는 만큼 제2언어로 상당한 인기를 누리고 있습니다.

내게는 특별한 이탈리아어를 부탁해는 이탈리아어를 처음 접하는 학습자가 알파벳부터 혼자서도 쉽게 이탈리아어를 배울 수 있도록 구성되어 있습니다. 각 과에는 필수적인 문법 내용이 일목요연하게 설명되어 있으며 현지에서 사용되는 실용적인 대화문 및 필수 어휘, 다양한 상황별 표현이 제시되어 있습니다. 현지를 여행하거나 이탈리아 사람을 만날 때 생길 수 있는 상황에 따라 생생한 표현과 예문을 담고자 노력했습니다. 또한 현지 문화를 이해할 수 있는 재미있는 문화 이야기도 함께 담았습니다. 언어와 함께 이탈리아의 문화를 익혀 가면 더욱더 친숙하게 이탈리아어를 학습할 수 있으리라 생각합니다.

끝으로 이 책을 집필하는 데 많은 도움을 주신 분들께 감사의 말을 전합니다. 이 책의 기획부터 출간까지 전 과정을 함께하면서 조언을 아끼지 않으신 한지희 차장님과 수십 번 반복되는 작업을 마다하지 않고 꼼꼼히 원고를 읽으며 완성도를 높여준 박인경 과장님께 감사드립니다. 그리고 교정을 맡아 오류를 최소화해 준 노우진 씨와 자연스러운 이탈리아 표현을 담을 수 있도록 조언을 해준 파비오 페차리니(Fabio Pezzarini) 선생님, 무던한 인내심을 갖고 수정을 거듭해 주신 디자인 팀에게도 진심으로 감사를 드립니다.

내게는 특별한 이탈리아어를 부탁해를 통해 독자 여러분들이 이탈리아어라는 언어 장벽을 허물고 목표한 바를 이루기를 기원합니다.

최 정 윤

예비과

알파벳, 강세에 대한 설명을 통해 이탈리아어를
정확하게 발음할 수 있는 기본 지식을 알려 줍니다.
또한 명사와 형용사의 성과 수에 대한 기본적인 내용을
소개하고 있어 본 과에 들어가기에 앞서 익혀 두면
본문의 내용을 이해하는 밑거름이 될 것입니다.

본문 1~20과

● 주요 구문 & 문법

각 과에서 다루는 문법과 관련 구문을 소개하고
설명합니다.
각 과의 핵심 구문을 삽화와 함께 페이지 상단에
제시함으로써 학습 내용을 한눈에 파악할 수
있습니다. '주요 구문 & 문법'의 첫 페이지는
대화 1에 관련된 문법·구문 설명이고, 두 번째
페이지는 대화 2에 관련된 문법·구문 설명입니다.

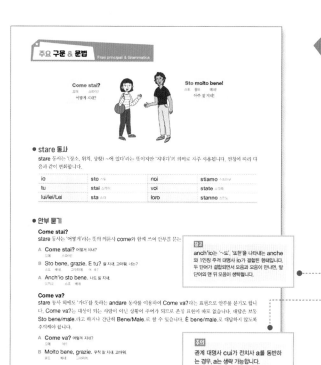

참고 추가 설명이나 정보 제공을 위한 항목입니다.

주의 혼동이 될 수 있는 주요 내용을 다시 한번
확인하는 항목입니다.

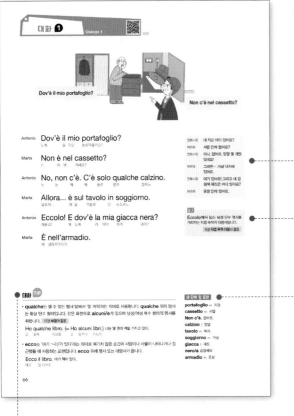

대화 ❶ Dialoge 1
029

Dov'è il mio portafoglio?

Non c'è nel cassetto?

Antonio **Dov'è il mio portafoglio?**
도베 일 미오 뽀르따폴리오?

Marta **Non è nel cassetto?**
논 에 넬 까세또?

Antonio **No, non c'è. C'è solo qualche calzino.**
노 논 체 체 솔로 꽐께 깔지노

Marta **Allora... è sul tavolo in soggiorno.**
알로라 에 술 따볼로 인 소조르노

Antonio **Eccolo! E dov'è la mia giacca nera?**
에꼴로 에 도베 라 미아 쟈까 네라?

Marta **È nell'armadio.**
에 넬라르마디오

안토니오: 내 지갑 어디 있어요?
마르따: 서랍 안에 없어요?
안토니오: 아니, 없어요. 양말 몇 개만 있네요!
마르따: 그러면... 거실 탁자에 있어요.
안토니오: 여기 있네요! 그리고 내 검정색 재킷은 어디 있어요?
마르따: 옷장 안에 있어요.

참고
Eccolo와 lo는 남성 단수 명사를 가리키는 직접 목적격 대명사입니다.
▶ 9과 직접 목적격 대명사 참조

● **대화 TIP**
· **qualche**는 셀 수 있는 명사 앞에서 '몇 개의'라는 의미로 사용됩니다. **qualche** 뒤의 명사는 항상 단수 형태입니다. 같은 표현으로 **alcuni/e**가 있으며 남성/여성 복수 형태의 명사를 취합니다. ▶ 17과 부정형용사 참조
Ho qualche libro. (= Ho alcuni libri.) 나는 몇 권의 책을 가지고 있다.
오 꽐께 리브로 오 알꾸니 리브리

· **ecco**는 '여기 ~이가 있다'라는 의미로 예기치 않은 순간에 사람이나 사물이 나타나거나 갑근할때 사용합니다. 표현입니다. **ecco** 뒤에 명사 또는 대명사가 옵니다.
Ecco il libro. 여기 책이 있다.
에꼬 일 리브로

66

● **새 단어 및 표현**
portafoglio m. 지갑
cassetto m. 서랍
Non c'è. 없어요.
calzino m. 양말
tavolo m. 탁자
soggiorno m. 거실
giacca f. 재킷
nero/a 검정색의
armadio m. 옷장

• 대화

대화1과 대화2로 나누어져 있습니다. 앞에 제시된 주요 구문과 문법을 활용하여 실생활에서 만날 수 있는 다양한 상황을 재현함으로써 회화 실력을 향상시키는 기회를 제공합니다. 5과까지 이탈리아어에 가장 가까운 한국어 발음이 병기되어 있어 학습 초기에 발음을 익히는 데 도움을 줍니다.

해석 각 과의 대화문을 우리말로 옮겨 학습자의 이해를 돕습니다.

참고 대화를 이해하는 데에 도움이 될 참고 사항을 함께 제공하고 있습니다.

새 단어 및 표현 대화문에 새롭게 등장한 단어와 표현들을 한국어 뜻과 함께 정리합니다. 필요할 경우 학습자의 이해를 돕는 설명을 포함하고 있습니다.

대화 Tip 대화문에 등장한 주요 표현에 대한 추가 설명과 주의 사항을 담고 있습니다.

• 추가 단어

각 과의 내용과 관련된 단어들을 분야별로 나누어 삽화와 함께 제시함으로써 어휘 실력을 키워 줍니다.

약자 표시 *m.* 남성형 *f.* 여성형

추가 단어

취미

leggere (책을) 읽다
cucinare 요리하다
ascoltare musica 음악을 듣다
suonare il pianoforte 피아노를 치다

suonare la chitarra 기타를 치다
disegnare, dipingere 그림을 그리다
guardare film 영화를 보다
fare fotografie 사진을 찍다

스포츠

스포츠 관련 동사
nuotare 수영하다
fare esercizi di yoga 요가를 하다

giocare 하고 함께 쓰이는 스포츠 게임 관련 명사
carte 카드 게임
scacchi 체스
tennis 테니스
calcio 축구
golf 골프
bowling 볼링

유용한 표현 Espressioni utili

다양한 인사 표현

• 유용한 표현

다양한 상황을 통해 실생활에서 유용하게 쓸 수 있는 이탈리아어 표현들을 익힐 수 있습니다.

• 연습 문제

각 과에서 배웠던 학습 내용을 제대로 이해했는지 스스로 확인하는 부분으로 문법·듣기·읽기 문제로 나누어져 있습니다. 다양한 유형의 관련 문제를 통해 문법 내용을 복습하고, 듣기 문제에서는 청취를 통해 학습 내용을 파악하는 능력을 기를 수 있습니다. 듣기 문제는 각각 두 번씩 들려 줍니다. 마지막으로 다양한 내용의 읽기 문제를 통해서 독해력과 어휘력을 향상시킬 수 있습니다.

• Inside 이탈리아

쉬어가는 코너로, 이탈리아의 사회, 문화 및 풍습을 소개합니다.

주요 표현 미니북

일상에서 자주 쓰이는 이탈리아어의 기본적인 구문을 정리하였습니다. 각 과의 내용을 학습한 후에 복습용으로 활용하거나 회화에 응용할 수 있습니다. 이탈리아어와 우리말이 동시에 녹음되어 있고, 포켓북 크기로 되어 있어 휴대가 간편합니다.

MP3 음성 파일

QR 코드로 제공되는 MP3 음성 파일은 학습자가 원어민의 발음에 익숙해지도록 본책에 있는 예비과의 발음, 각 과의 대화문과 듣기 연습 문제, 추가 단어, 유용한 표현 등을 담았습니다. 반복해서 듣고 따라 읽어 주세요.

동영상 강의

예비과 1, 2와 본문 20과, 총 22개의 강의로 구성되어 있으며, QR 코드를 통해 손쉽게 시청할 수 있습니다. 각 과의 핵심 내용을 쉽게 풀어 설명함으로써 학습자의 이해를 돕습니다. 본책의 제한된 지면으로 인해 자세한 설명을 곁들일 수 없었던 부분을 저자 직강 동영상 강의로 보완하였습니다.

차 례

부록

대화②	추가 단어	유용한 표현	Inside 이탈리아
출신 말하기	• 국가와 국적	인사 표현	Due baci, 이탈리아의 인사법
격식체 안부 묻기	• 직업	안부 묻고 답하기	이탈리아 이름의 유래를 찾아서
제3자의 신상 묻기	• 기분, 성격, 외모를 나타내는 형용사	다양한 인사 표현	로마가 이탈리아의 수도가 되기까지!
가족 관계 묻기	• 가족	일상에서 많이 쓰이는 기원의 말	이탈리아의 풍부한 문화유산
장소 묻기	• 집 구조 • 가전, 가구	위치 표현	이탈리아인의 삶의 일부, 커피
생일 묻기	• 때를 나타내는 어휘 • 계절	시간 관련 표현	배우고자 하면 기회가 있다! 이탈리아의 교육 제도
하루 일과 말하기	• -are 동사	하루 일과 표현	이탈리아인은 손으로 말한다!
날씨 표현	• 취미 • 스포츠	날씨 관련 표현	하루의 피로를 덜어 주는 아페리티보
도움 청하기	• -ere 동사 • -ire 동사	제안 승낙, 거절 표현	르네상스의 발원지, 이탈리아
전화 통화	• 과일 • 채소	전화 통화 표현	오페라의 본고장 이탈리아
교통수단과 소요 시간 묻기	• 교통수단	대중교통 이용 시	이탈리아 시민의 발, 교통수단
옷 구매하기	• 의복 • 원단 패턴 및 재질 • 색	쇼핑할 때 쓰는 표현	이색적인 이탈리아 축제 I
어제 일과 말하기	• 여행 관련 ①	공항에서	이색적인 이탈리아 축제 II
과거 사건 묘사하기 ①	• 다양한 형용사	감정 표현하기	르네상스를 꽃피운 메디치 가문
미래 계획 말하기	• 여행 관련 ②	약속 잡기	스머프 마을 알베로벨로
약국 이용	• 신체 부위 • 의료 관련	병원·약국에서 사용하는 표현	모두가 평등한 이탈리아 의료 보장 제도
집 구하기	• 도로와 길	길 묻기	세계에서 가장 작은 나라 '바티칸'
도난 사고에 대해 이야기하기	• 기관 및 장소 명칭	긴급 상황 발생 시	이탈리아 국민 스포츠, 축구
식당에서 주문하기	• 테이블 세팅	메뉴 주문 및 계산하기	이탈리아 각 지역에서 꼭 맛봐야 할 음식
호텔 이용 문의하기	• 수량을 나타내는 표현	재미난 관용 표현	3천 년의 역사를 가진 이탈리아 와인

민아 Mina

이탈리아 피사에서
유학 중인
한국인 대학생

루카 Luca

민아의 친구

운동을 좋아하고
활동적인
이탈리아 대학생

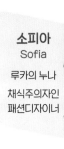

소피아
Sofia

루카의 누나

채식주의자인
패션디자이너

파올로
Paulo

활발하고 적극적인
아르헨티나에서
온 교환학생

엘리자베타
Elisabetta

민아의 학교
이탈리아어 선생님

마르코
Marco

루카의 친구

운동에 흥미가 없는
이탈리아인

**마르타 페라리,
안토니오 콘테**
Marta Ferrari,
Antonio Conte

루카와 파올로의 이웃집 부부

이제
이탈리아어를
배워 볼까요?

동영상 강의

예비과 ❶

예비과 ❷

CIAO !

1. 알파벳(Alfabeto)과 발음

❶ 알파벳

이탈리아의 알파벳은 16개의 자음과 5개의 모음, 총 21개의 철자로 구성되어 있습니다. 영어의 철자 중 5개 (J, K, W, X, Y)는 이탈리아어에 포함되지 않지만 외국어의 고유 명사와 외래어를 표기하는 데 사용됩니다. 이탈리아어 발음은 비교적 단순하며 쓰인 대로 읽으면 됩니다.

		명칭				명칭
A a	a	아		Q q	cu	꾸
B b	bi	비		R r	erre	에레
C c	ci	치		S s	esse	에쎄
D d	di	디		T t	ti	띠
E e	e	에		U u	u	우
F f	effe	에페		V v	vu	부
G g	gi	지		Z z	zeta	제따
H h	acca	아까				
I i	i	이				

● 외래어에 쓰이는 알파벳

		명칭
L l	elle	엘레
M m	emme	엠메
N n	enne	엔네
O o	o	오
P p	pi	삐

		명칭	
J j	i lunga	이 룽가
K k	cappa	깝빠
W w	doppia vu	돕삐아 부
X x	ics	익스
Y y	ipsilon	입실론

❷ 모음과 자음의 발음

① 모음: a, e, i, o, u, 5개가 있으며, 각각 [아], [에], [이], [오], [우]로 발음됩니다.

	발음		예	
A a	[a]	[아]	**amore** 아모레 사랑	**armonia** 아르모니아 조화
E e	[e]	[에]	**euro** 에우로 유로(화)	**emozione** 에모찌오네 감정
I i	[i]	[이]	**idea** 이데아 생각	**isola** 이졸라 섬
O o	[o]	[오]	**occhio** 오끼오 눈	**ora** 오라 시간
U u	[u]	[우]	**uovo** 우오보 달걀	**uomo** 우오모 사람

② 자음

	발음		예	
B b	[b]	[ㅂ]	**barba** 바르바 수염	**gamba** 감바 다리
C c	[k]	[ㄲ]	**Corea** 꼬레아 한국	**carattere** 까라떼레 성격
	[tʃ]	[ㅊ]	**cielo** 치엘로 하늘	**centro** 첸뜨로 시내
D d	[d]	[ㄷ]	**medico** 메디꼬 의사	**data** 다따 날짜
F f	[f]	[ㅍ]	**farmacia** 파르마치아 약국	**caffè** 까페 커피
G g	[g]	[ㄱ]	**gallo** 갈로 닭	**agosto** 아고스또 8월
	[dʒ]	[ㅈ]	**genere** 제네레 종류	**pagina** 빠지나 페이지
H h	ø	묵음	**ho** 오 가지다 (avere 동사 1인칭 단수) **hai** 아이 가지다 (avere 동사 2인칭 단수)	
L l	[l]	[ㄹ]	**giornale** 죠르날레 신문	**luce** 루체 빛
M m	[m]	[ㅁ]	**mondo** 몬도 세상	**camera** 까메라 방
N n	[n]	[ㄴ]	**numero** 누메로 숫자	**novità** 노비따 소식

	발음		예	
P p	[p]	[ㅃ]	parco 빠르꼬 공원	pane 빠네 빵
Q q	[k]	[ㄲ]	quaderno 꽈데르노 공책	quattro 꽈뜨로 숫자 4
R r	[r]	[ㄹ]	rosa 로사 장미	corsa 꼬르사 달리기
S s	[s]	[ㅅ]	studente 스뚜덴떼 학생	stella 스뗄라 별
T t	[t]	[ㄸ]	tavolo 따볼로 탁자	treno 뜨레노 기차
V v	[v]	[ㅂ]	nave 나베 배	valore 발로레 가치
Z z	[dz]/[tʃ]	[ㅈ]/[ㅊ]	zaino 자이노 배낭	stazione 스따찌오네 역

참고
z의 발음 [tʃ]는 실제로 [ㅊ]와 [ㅉ]의 중간 발음입니다.

● c는 결합되는 모음에 따라 [ㄲ]와 [ㅊ]로 발음이 달라집니다. c가 모음 a, o, u와 결합될 때는 [ㄲ]로 발음되고, e, i와 결합될 때는 [ㅊ]로 발음됩니다. 후자의 경우 c와 e, i 모음 사이에 h가 첨가되면 전자와 같은 [ㄲ]로 발음이 됩니다.

결합 형태	발음	예	
c + a, o, u	ca 까 co 꼬 cu 꾸	casa 까사 집	cuoco 꾸오꼬 요리사
c + e, i	ce 체 ci 치	cena 체나 저녁 식사	cucina 꾸치나 부엌
c + h + e, i	che 께 chi 끼	che 께 무엇	chi 끼 누구

● g는 모음 a, o, u와 결합될 때 소리와 e, i와 결합될 때 소리가 달라집니다. g가 a, o, u와 결합될 때는 [ㄱ]로 발음되지만 e, i와 결합될 때는 [ㅈ]로 발음됩니다. 후자의 경우 g와 e, i 모음 사이에 h가 첨가되면 전자와 같은 [ㄱ]로 발음이 됩니다. g 다음에 자음 l이나 n이 오는 경우 자음 발음에 영향을 받아 gli는 [리]로 'gn + 모음'은 [냐], [녜], [니], [뇨], [뉴]로 발음됩니다. 또한 g 다음에 u가 오고 모음 a, e, i와 결합될 경우 이중 모음이 연음되어 [과], [궤], [귀]로 발음됩니다.

결합 형태	발음	예	
g + a, o, u	ga 가 go 고 gu 구	**gara** 가라 경주	**gusto** 구스또 맛
g + e, i	ge 제 gi 지	**gelato** 젤라또 아이스크림	**giro** 지로 회전
g + h + e, i	ghe 게 ghi 기	**ghepardo** 게빠르도 치타	**ghiaccio** 기아쵸 얼음
gu + a, e, i	gua 과 gue 꿰 gui 귀	**lingua** 링과 언어	**guida** 귀다 안내
gi + a, e, o, u	gia 쟈 gie 졔 gio 죠 giu 쥬	**giovane** 죠바네 청년	**giusto** 쥬스또 옳은
gn + a, e, i, o, u	gna 냐 gne 녜 gni 니 gno 뇨 gnu 뉴	**campagna** 깜빠냐 시골	**bagno** 바뇨 화장실
gl + i	gli 리	**figlio** 필리오 아들	**aglio** 알리오 마늘

주의

gi 다음에 모음이 올 경우 i에 강세가 없는 단어에 한해서만 i와 뒤따라 나오는 모음이 연음되어 위 예와 같이 발음됩니다. 반면에 magia 마지아 (f. 마법)와 같이 i에 강세가 오는 단어는 연음하지 않고 음가 하나 하나 정확히 발음해 줍니다.

● s가 c와 결합한 상태에서 뒤에 모음 a, o, u가 오면 [스ㄲ]로 발음됩니다. 모음 e, i가 올 때는 각각 [쉐], [쉬]로 발음됩니다. 후자의 경우 sc와 모음 e, i 사이에 h가 첨가되면 전자와 같은 [스ㄲ] 발음이 됩니다.

006

결합 형태	발음	예	
sc + a, o, u	sca 스까 sco 스꼬 scu 스꾸	**scatola** 스까똘라 상자	**fresco** 프레스꼬 신선한
sc + e, i	sce 쉐 sci 쉬	**pesce** 뻬쉐 생선	**piscina** 삐쉬나 수영장
sc + h + e, i	sche 스께 schi 스끼	**scheda** 스께다 카드	**maschio** 마스끼오 남자
sci + a, e, o, u	scia 샤 scie 쉐 scio 쇼 sciu 슈	**coscia** 꼬샤 허벅지	**sciopero** 쇼뻬로 파업

주의

sci의 경우 i에 강세가 없는 단어에 한해서만 i와 뒤따라 나오는 모음이 연음되어 위 예와 같이 발음됩니다. 반면에 sciare 쉬아레 (스키를 타다)와 같이 i에 강세가 오는 단어는 연음하지 않고 음가 하나 하나 정확히 발음해 줍니다.

2. 강세 (Accento)

이탈리아어는 각 단어마다 고유의 강세가 있습니다. 강세는 발음할 때뿐만 아니라 동음이의어를 구별할 때 중요한 역할을 합니다. 다만, 강세의 위치를 명확히 규정 짓는 기준은 없습니다.

① 보통 철자상으로 강세 표기를 하지 않지만 강세가 마지막 음절에 오는 경우는 강세 부호(` , ´)가 철자상에 표기됩니다.

> università 우니베르시따 대학교　　　verità 베리따 진실　　　perché 뻬르께 왜냐하면

> **참고**
> 이탈리아어 강세에는 개모음 강세(`)와 폐모음 강세(´)가 있습니다. 개모음 강세가 있는 단어에는 cioè(즉), città(도시) 등이 있으며, 폐모음 강세가 있는 단어에는 perché(왜냐하면), benché(비록 ~일지라도) 등이 있습니다. 폐모음 강세는 매우 드물게 쓰이며, 대부분 개모음 강세가 쓰입니다.

② 대부분의 단어는 끝에서 두 번째 모음에 강세가 옵니다.

> ragazzo 라가쪼 소년　　　parola 빠롤라 단어　　　francobollo 프랑꼬볼로 우표

③ 일부 단어는 끝에서 세 번째 모음에 강세가 옵니다.

> macchina 마끼나 자동차　　　giovane 죠바네 청년　　　tavola 따볼라 식탁
> sabato 사바또 토요일　　　invisibile 인비지빌레 보이지 않는

④ 동사의 3인칭 복수 변화형의 경우에는 끝에서 네 번째 모음에 강세가 오기도 합니다.

> dimenticano 디멘띠까노 잊다　　　desiderano 데지데라노 바라다　　　abitano 아비따노 거주하다

3. 명사의 성

이탈리아어 명사는 남성과 여성, 단수와 복수 형태가 있습니다. 어미 변화를 통해 그 형태를 표현합니다.

① **-o와 자음으로 끝나는 대부분의 단어는 남성 명사입니다.**

libro 리브로 *m.* 책   treno 뜨레노 *m.* 기차   bar 바르 *m.* 바, 커피숍

② **-a로 끝나는 대부분의 단어는 여성 명사입니다.**

scuola 스꾸올라 *f.* 학교   casa 까사 *f.* 집   parola 빠롤라 *f.* 단어

③ **-e로 끝나는 대부분의 단어는 남성 명사일 수도 있고, 여성 명사일 수도 있습니다.**

fiore 피오레 *m.* 꽃   pesce 뻬쉐 *m.* 생선
chiave 끼아베 *f.* 열쇠   stagione 스따죠네 *f.* 계절

④ **자연의 성을 가진 명사의 경우, 다음의 규칙을 통해 남성 명사를 여성 명사로 만들 수 있습니다.**

① 남성 명사의 마지막 모음 -o를 -a로 바꿉니다.

figlio 필리오 아들   →   figlia 필리아 딸
cuoco 꾸오꼬 요리사 (남)   →   cuoca 꾸오까 요리사 (여)

② 남성 명사의 어미 -o를 -a로 바꿔서 여성 명사를 만드는 것이 원칙이지만, 그 외에도 몇 가지 원칙이 더 있습니다. 주로 직업을 나타내는 명사들이 이에 포함됩니다.

• -tore로 끝나는 남성 명사는 -trice로 바꿉니다.

scrittore 스끄리또레 작가 (남)   →   scrittrice 스끄리뜨리체 작가 (여)
attore 아또레 배우 (남)   →   attrice 아뜨리체 배우 (여)

• -e로 끝나는 남성 명사는 -essa로 바꿉니다.

professore 쁘로페쏘레 교수 (남)   →   professoressa 쁘로페쏘레싸 교수 (여)
studente 스뚜덴떼 학생 (남)   →   studentessa 스뚜덴떼싸 학생 (여)

• 남성 명사와 여성 명사의 형태가 전혀 다른 경우가 있습니다.

padre 빠드레 아버지   madre 마드레 어머니

re 레 왕   regina 레지나 여왕

③ 어미가 -e로 끝나는 일부 명사와 -ista로 끝나는 명사는 남녀 모두 동일하게 사용됩니다. 명사 앞에 오는 정관사로 성별을 구분할 수 있습니다.

il cantante 일 깐딴떼 가수 (남)   →   la cantante 라 깐딴떼 가수 (여)

il dentista 일 덴띠스따 치과 의사 (남) →   la dentista 라 덴띠스따 치과 의사 (여)

참고
il과 la는 각각 남성, 여성 단수 명사 앞에 붙는 정관사입니다.

4. 형용사의 성

형용사는 일반적으로 명사를 뒤에서 수식하며 수식하는 명사의 성·수에 따라 어미 변화합니다.

1 대부분의 경우 -o로 끝나면 남성형이며, -a로 끝나면 여성형입니다.

regalo caro 레갈로 까로 비싼 선물   →   macchina cara 마끼나 까라 비싼 자동차

2 -e로 끝나는 남녀 동형도 존재합니다. 이 경우 남녀 명사 모두를 수식할 수 있습니다.

studente intelligente 스뚜덴떼 인뗄리젠떼 똑똑한 남학생

studentessa intelligente 스뚜덴떼싸 인뗄리젠떼 똑똑한 여학생

5. 명사와 형용사의 수

명사와 형용사의 수를 단수형에서 복수형으로 바꿀 때는 다음 규칙을 따릅니다.

① -o로 끝나는 경우 -i로 -a로 끝나는 경우 -e로 바꿉니다.

regal**o** car**o** 레갈로 까로 비싼 선물　→　regal**i** car**i** 레갈리 까리 비싼 선물들
macchin**a** car**a** 마끼나 까라 비싼 자동차　→　macchin**e** car**e** 마끼네 까레 비싼 자동차들

② -e로 끝나는 경우 -i로 바꿉니다.

student**e** intelligent**e** 스뚜덴떼 인뗼리젠떼 똑똑한 남학생
→ student**i** intelligent**i** 스뚜덴띠 인뗼리젠띠 똑똑한 남학생들

lezion**e** interessant**e** 레찌오네 인떼레싼떼 흥미로운 수업
→ lezion**i** interessant**i** 레찌오니 인떼레싼띠 흥미로운 수업들

6. 불규칙 명사의 수

남성 단수 명사의 어미 -o의 복수형 어미는 -i, 여성 단수 명사의 어미 -a의 복수형 어미는 -e로 바뀌는 것이 원칙이지만 이 규칙을 따르지 않는 불규칙 명사가 다수 존재합니다.

① 마지막 모음에 강세가 있는 명사는 단수형과 복수형이 동일합니다.

citt**à** 치따 *f.* 도시　　　caff**è** 까페 *m.* 커피　　　universit**à** 우니베르시따 *f.* 대학교

② 그 외에 다양한 불규칙 명사가 있습니다. 같은 단어의 단·복수의 성별이 다른 경우도 있으니 주의하여야 합니다.

mano 마노 *f.* 손 (단수)　　→　mani 마니 *f.* 손 (복수)
problema 쁘로블레마 *m.* 문제 (단수)　　→　problemi 쁘로블레미 *m.* 문제 (복수)
dito 디또 *m.* 손가락 (단수)　　→　dita 디따 *f.* 손가락 (복수)
uovo 우오보 *m.* 달걀 (단수)　　→　uova 우오바 *f.* 달걀 (복수)
foto 포또 *f.* 사진 (단수)　　→　foto 포또 *f.* 사진 (복수)

1 다음 단어를 듣고 강세에 유의하여 올바르게 발음해 보세요.

(1) uomo

(2) studente

(3) intelligente

(4) Roma

(5) città

(6) sciopero

(7) lezione

(8) macchina

(9) bicicletta

(10) felice

(11) giornale

(12) spaghetti

2 다음 단어를 남성형, 여성형, 남녀 동형으로 구분하세요.

	남성형	여성형	남녀 동형
명사 libro, lezione, tavolo fiore, madre, letto dottore			
형용사 interessante, costoso, buona, felice, nuova			

3 다음의 단어를 복수형으로 바꾸세요.

(1) bontà

(2) insegnante

(3) casa

(4) regalo

(5) televisione

(6) penna

(7) problema

(8) mano

(9) mondo

(10) uovo

Buongiorno!

동영상 강의

- 주격 인칭 대명사

- essere 동사

- 이탈리아어의 문장 구조

- Di dove sei?

Io sono Mina. Sono coreana.
이오 소노   민아.   소노   꼬레아나.
저는 민아입니다. 저는 한국인입니다.

● 주격 인칭 대명사

	단수	복수
1인칭	**io** 이오 나	**noi** 노이 우리
2인칭	**tu** 뚜 너	**voi** 보이 너희
3인칭	**lui** 루이 그 **lei** 레이 그녀 **Lei** 레이 당신	**loro** 로로 그들

이탈리아어에는 비격식체와 격식체의 표현이 있습니다. 대화를 나누는 대상과의 심리적·사회적 거리에 따라 구분됩니다. 친구 사이나 친분이 있는 사람들 간에는 **tu**를 사용하고, 처음 만나거나 상급자, 또는 화자보다 나이가 많은 사람에게는 존칭의 의미로 **Lei**를 사용합니다. 상대를 부를 때도 친근한 관계에서는 이름을 부르고 격식을 차려야 하는 관계에서는 Mr., Mrs./Miss에 해당하는 signore 시뇨레, signora 시뇨라/signorina 시뇨리나를 사용합니다.

● essere 동사

essere 동사는 '~이다'의 뜻으로 이름, 직업, 국적, 출신, 외모, 성격 등을 묘사할 때 사용합니다.

io	**sono** 소노	noi	**siamo** 시아모
tu	**sei** 세이	voi	**siete** 시에떼
lui/lei/Lei	**è** 에	loro	**sono** 소노

Io sono Fabio. 저는 파비오입니다. **이름**
이오 소노   파비오.

Lui è simpatico. 그는 성격이 좋습니다. **성격**
루이 에 심빠띠꼬.

Noi siamo coreani. 우리는 한국인입니다. **국적**
노이 시아모   꼬레아니.

> **참고**
> 이탈리아어는 동사의 형태를 보고 주어를 유추할 수 있기 때문에 주어를 생략하는 것이 보통입니다. 다만 3인칭과 같이 혼동의 여지가 있거나 주어를 강조하는 경우에는 생략하지 않습니다.

Di dove sei?
디 도베　세이?
너는 어디 출신이니?

Sono di Barcellona.
소노　디 바르첼로나.
나는 바르셀로나 출신이야.

● 이탈리아어의 문장 구조

이탈리아어 문장은 일반적으로 '주어 + 동사 + 보어' 구조를 취합니다. 부정문의 경우 동사 앞에 부정어 **non**을 넣어 줍니다. 의문문의 경우는 어순의 변화 없이 평서문과 부정문 구조에서 물음표를 추가하고 반드시 문장 끝을 올려 읽습니다.

평서문 (주어) + 동사 + 보어	(Io) Sono studente. 나는 학생이다. (이오) 소노　스뚜덴떼.		
부정문 (주어) + non + 동사 + 보어	(Io) Non sono studente. 나는 학생이 아니다. (이오) 논　소노　스뚜덴떼.		
의문문 (주어) + 동사 + 보어?	긍정	A	(Tu) Sei studente? 너는 학생이니? (뚜)　세이 스뚜덴떼?
		B	Sì, sono studente. 응, 나는 학생이야. 씨,　소노　스뚜덴떼.
		C	No, non sono studente. 아니, 나는 학생이 아니야. 노,　논　소노　스뚜덴떼.
	부정	A	Non sei italiano? 너는 이탈리아 사람이 아니니? 논　세이 이딸리아노?
		B	Sì, sono italiano. 응, 난 이탈리아 사람이야. 씨,　소노　이딸리아노.
		C	No, non sono italiano. 아니, 난 이탈리아 사람이 아니야. 노,　논　소노　이딸리아노.

● Di dove sei?

Di dove sei?는 출신을 묻는 표현으로 대답은 'essere + di + 도시명'으로 합니다. 존칭의 경우, 모음 충돌로 축약이 발생해 Di dov'è Lei? 형태가 됩니다.

A **Di dove** sei? 너는 어디 출신이야?
디 도베　세이?

B **Sono coreano, di Seoul.** 나는 한국 사람이고, 서울 출신이야.
소노　꼬레아노,　디 서울.

Sono Paulo.

Buongiorno! Sono Mina.

Mina
Buongiorno! Sono Mina.
부온죠르노!　　　　　소노　　　민아.

Paulo
Sono Paulo.
소노　　　파울로.

Mina
Lei è professore?
레이　　에 프로페쏘레?

Paulo
No, sono studente.
노,　　소노　　　스뚜덴떼.

Elisabetta
Salve, sono Elisabetta e sono
살베,　　　소노　　엘리자베타　　　에 소노

professoressa d'italiano.
쁘로페쏘레싸　　　　　　디딸리아노.

Mina
Piacere!
삐아체레!

Elisabetta
Piacere mio!
삐아체레　　　미오!

민아	안녕하세요! 저는 민아예요.
파울로	저는 파울로예요.
민아	당신이 선생님이신가요?
파울로	아니요. 저는 학생이에요.
엘리자베타	안녕하세요. 저는 엘리자베타이고 이탈리아어 선생님이에요.
민아	반가워요!
엘리자베타	나도 반가워요!

대화 TIP

piacere는 처음 만난 사람에게 전하는 인사말로 '만나서 반갑습니다'라는 뜻입니다. 중립적인 표현으로 모든 상황에서 평이하게 사용이 가능합니다. 이와 같은 표현으로 **molto lieto/a**가 있습니다. **piacere**보다 더욱 격식을 차리는 상황에서 사용되며, 말하는 사람의 성별에 따라 '반가운'을 뜻하는 **lieto**의 어미 변화가 이루어집니다.

새 단어 및 표현

professore/ssa 선생님, 교수
studente/ssa 학생
salve 안녕하세요
e ~와/과, 그리고
italiano/a 이탈리아어, 이탈리아 사람

010

Di dove sei?

Sono coreana, di seoul.

Luca **Ciao, sono Luca. E tu?**
차오, 소노 루카. 에 뚜?

Mina **Io sono Mina! Sei italiano?**
이오 소노 민아! 세이 이딸리아노?

Luca **Sì, sono di Pisa. Di dove sei?**
씨, 소노 디 피사. 디 도베 세이?

Mina **Sono coreana, di Seoul.**
소노 꼬레아나, 디 서울.

Paulo, anche tu sei italiano?
파울로, 앙께 뚜 세이 이딸리아노?

Paulo **No, sono argentino.**
노, 소노 아르젠띠노.

루카	안녕, 나는 루카야. 너는?
민아	나는 민아야! 넌 이탈리아 사람이니?
루카	응, 피사 출신이야. 너는 어디 출신이야?
민아	난 한국 사람이고 서울 출신 이야. 파울로, 너도 이탈리아 사람이니?
파울로	아니, 나는 아르헨티나 사람 이야.

참고

di는 '~출신의'라는 의미뿐만 아니라 '~의(어떤 사람/사물에 속하거나, 그것 의 일부이거나 그것과 관련된)'의 의 미가 있습니다.
Luigi è un amico di Marta.
루이지는 마르타의 친구입니다.

대화 TIP

국적의 남성형은 어미가 **-o**이고 여성형은 **-a**입니다. 어미가 **-e**인 국적은 남성형과 여성형이 동일합니다.

Fabio è italiano. 파비오는 이탈리아 사람입니다.
파비오 에 이딸리아노.

Mina è coreana. 민아는 한국 사람입니다.
민아 에 꼬레아나.

Sabrina è francese. 사브리나는 프랑스 사람입니다.
사브리나 에 프란체제.

새 단어 및 표현

ciao 안녕
E tu? 너는?
di ~의, ~출신의
Pisa 피사
dove 어디
coreano/a 한국 사람
anche ~도, 또한
argentino/a 아르헨티나 사람

국가와 국적

아시아	Corea	f. 한국	coreano/a	한국인
	Giappone	m. 일본	giapponese	m.f. 일본인
	Cina	f. 중국	cinese	m.f. 중국인
유럽	Francia	f. 프랑스	francese	m.f. 프랑스인
	Inghilterra	f. 영국	inglese	m.f. 영국인
	Germania	f. 독일	tedesco/a	독일인
	Italia	f. 이탈리아	italiano/a	이탈리아인
	Spagna	f. 스페인	spagnolo/a	스페인인
	Portogallo	m. 포르투갈	portoghese	m.f. 포르투갈인
아메리카	America	f. 미국	americano/a	미국인
	Messico	m. 멕시코	messicano/a	멕시코인
	Brasile	m. 브라질	brasiliano/a	브라질인
오세아니아	Australia	f. 오스트레일리아	australiano/a	오스트레일리아인
	Nuova Zelanda	f. 뉴질랜드	neozelandese	m.f. 뉴질랜드인
아프리카	Egitto	m. 이집트	egiziano/a	이집트인
	Marocco	m. 모로코	marocchino/a	모로코인

참고
국적의 남성형은 그 나라의 언어를 의미하기도 합니다.

인사 표현

만날 때

Ciao!
챠오!

Ciao!
챠오!

A 안녕!
B 안녕!

Buongiorno!
부온죠르노!

Salve!
살베!

A 안녕하세요! (오전 인사)
B 안녕하세요!

A의 기타 표현

Buonasera. 안녕하세요. (오후 & 저녁 인사)
부오나세라.

참고
늦은 밤 또는 잠자리에 나누는 인사 표현은
Buonanotte.(잘 자., 안녕히 주무세요.)
로 합니다.

헤어질 때

Ci vediamo.
치 베디아모.

A presto.
아 쁘레스또.

Arrivederci.
아리베데르치.

A 또 보자.
B 조만간 또 보자.
C 잘 가.

참고
헤어질 때 쓰는 존칭 표현으로
arrivederLa가 있습니다.

문법

1 알맞은 주격 인칭 대명사를 넣어 문장을 완성하세요.

(1) _____ sono Francesca.

(2) _____ è studente.

(3) _____ siamo giapponesi.

(4) _____ siete di Milano?

(5) Signor Pini, _____ è professore?

2 알맞의 형태의 essere 동사를 넣어 문장을 완성하세요.

(1) Io _____ Marta.

(2) Luca e Chiara _____ italiani.

(3) Mauro e io _____ studenti.

(4) Signora, di dove _____?

3 그림을 보고 알맞은 인사말을 골라 대화를 완성하세요.

(1)

ᴀ Ciao, Marco.

ʙ (Buonasera. / Buongiorno.)

(2)

ᴀ A domani, signor Pini.

ʙ (ArrivederLa. / Piacere.)

(3)

ᴀ (Buongiorno / A presto), signora.

ʙ Buongiorno, dottor Sandri.

(4)

ᴀ (Buonasera / Buonanotte), Tonio.

ʙ Buonanotte!

★ domani 내일

듣기 ● 녹음을 듣고 아래 표를 완성하세요.

013

이름	(1) Paulo	(2) Fabio	(3) Yuri	(4) Bryan
국적				
출신 도시				

읽기 ● 다음 대화를 읽고 질문에 답하세요.

Luca Ciao! Sono Luca.

Mina Ciao! Sono Mina, piacere!

Luca ⓐ _____

Mina ⓑ _____

Luca Sono italiano, di Pisa. E tu?

Mina Sono di Seoul. ⓒ _____

Luca Sì, sono studente.

(1) 빈칸 ⓐ에 들어갈 알맞은 표현을 고르세요.

① Ci vediamo.   ② Di dove sei?
③ Molto piacere!   ④ Buongiorno.

(2) 빈칸 ⓑ에 들어갈 알맞은 표현을 고르세요.

① Ciao.   ② Piacere mio.
③ Mi chiamo Lucia.   ④ Di dove sei?

(3) 빈칸 ⓒ에 들어갈 알맞은 표현을 고르세요.

① Sei studente?   ② Sono professore.
③ Arrivederci.   ④ Buonanotte.

Due baci, 이탈리아의 인사법

이탈리아에서는 누군가를 만나고 헤어질 때 인사말과 함께 양 볼을 맞대고 볼 키스 (Due baci 두에 바치)를 나누며 친근감을 표현합니다. 처음 만나는 사이거나 공적인 관계에서는 주로 악수를 나누지만 친구 사이라면 남성 간에 볼 키스를 하더라도 전혀 이상하지 않습니다. 이렇게 인사를 나누면서 다양한 인사말을 건넵니다.

가장 대표적인 인사말로는 친근한 사이에 격 없이 건네는 Ciao 차오가 있습니다. 시간에 구애받지 않고 언제든지 사용 가능합니다. Ciao는 "나는 당신의 노예입니다."라는 뜻의 베네토어 sciao에서 유래했습니다. Ciao와 비슷한 인사말로는 Salve 살베가 있습니다. Salve는 라틴어 salvus에서 유래했으며 과거에는 건강을 기원하는 말로 사용되다가 오늘날에는 격식과 비격식의 경계가 불분명한 경우에 주로 사용하는 인사말로 굳어졌습니다. 즉, 어느 정도 거리감 있고 적당히 예의를 갖춰야 하는 사람들 사이에 사용하는 표현입니다. Salve는 Ciao와 마찬가지로 하루 중 어느 때나 사용 가능하지만 만났을 때만 사용할 수 있는 인사말입니다.

이외에 시간에 따라 다르게 표현되는 인사말도 있습니다. 오전에는 Buongiorno 부온죠르노라고 인사하고 보통 늦은 오후가 시작되는 시점인 대략 4시부터는 저녁 인사인 Buonasera 부오나세라를 사용합니다. 그러나 일부 도시에서는 점심시간인 오후 1시부터 이 인사말을 사용합니다. 그리고 늦은 밤이나 잠들기 전 인사는 Buonanotte 부오나노떼입니다. 헤어질 때 인사말은 Arrivederci 아리베데르치 (잘 가, 안녕히 계세요/안녕히 가세요) 혹은 ArrivederLa 아리베데를라 (안녕히 계세요/안녕히 가세요)와 함께 Ci vediamo 치 베디아모 (또 만나요), A presto 아 쁘레스또 (곧 만나요) 등이 있습니다. 그리고 우리에게 익숙한 이탈리아어 인사말인 Addio 아디오는 기약 없는 이별을 암시하는 작별 인사입니다. 그렇기 때문에 평상시에 사용하기에는 무리가 있습니다.

Due baci

Come stai?

동영상 강의

- stare 동사
- 안부 묻기
- avere 동사

Come stai?
꼬메   스따이?
어떻게 지내?

Sto molto bene!
스또   몰또   베네!
아주 잘 지내!

● stare 동사

stare 동사는 '(장소, 위치, 상황) ~에 있다'라는 뜻이지만 '지내다'의 의미로 자주 사용됩니다. 인칭에 따라 다음과 같이 변화합니다.

io	**sto** 스또	noi	**stiamo** 스띠아모
tu	**stai** 스따이	voi	**state** 스따떼
lui/lei/Lei	**sta** 스따	loro	**stanno** 스딴노

● 안부 묻기

Come stai?

stare 동사는 '어떻게'라는 뜻의 의문사 come와 함께 쓰여 안부를 묻는 표현이 됩니다.

A **Come stai?** 어떻게 지내?
　　꼬메　　스따이?

B **Sto bene, grazie. E tu?** 잘 지내. 고마워. 너는?
　　스또 베네.　　그라찌에.　　에 뚜?

A **Anch'io sto bene.** 나도 잘 지내.
　　앙끼오　　스또 베네.

> **참고**
> anch'io는 '~도', '또한'을 나타내는 anche와 1인칭 주격 대명사 io가 결합된 형태입니다. 두 단어가 결합되면서 모음과 모음이 만나면, 앞 단어의 맨 뒤 모음이 생략됩니다.

Come va?

stare 동사 외에도 '가다'를 뜻하는 andare 동사를 이용하여 Come va?라는 표현으로 안부를 묻기도 합니다. Come va?는 대상이 되는 사람이 아닌 상황이 주어가 되므로 존칭 표현이 따로 없습니다. 대답은 보통 Sto bene/male.라고 하거나 간단히 Bene/Male.로 할 수 있습니다. È bene/male.로 대답하지 않도록 주의해야 합니다.

A **Come va?** 어떻게 지내?
　　꼬메　　바?

B **Molto bene, grazie.** 무척 잘 지내. 고마워.
　　몰또　　베네.　　그라찌에.

Ho sonno.
오 손노.
저는 졸려요.

Ho fame.
오 파메.
저는 배고파요.

● avere 동사

avere 동사는 '~을/를 가지고 있다'의 뜻이며 인칭에 따라 다음과 같이 변화합니다. 발음상 h는 묵음입니다.

io	**ho** 오	noi	**abbiamo** 압비아모
tu	**hai** 아이	voi	**avete** 아베떼
lui/lei/Lei	**ha** 아	loro	**hanno** 안노

avere 동사로 소유, 나이, 상태를 표현할 수 있습니다.

소유	Giulia **ha** una macchina. 줄리아는 차 한 대를 가지고 있다. 줄리아 아 우나 마끼나. **Avete** il giornale? 너희들 신문 가지고 있니? 아베떼 일 죠르날레?
나이	A Quanti anni **hai**? 넌 몇 살이니? 꽌띠 안니 아이? B **Ho** ventidue anni. 나는 22살이야. 오 벤띠두에 안니.
상태	**Ho** paura. 나는 무섭다. 오 빠우라. **Ha** caldo? 당신은 더우신가요? 아 깔도? **Abbiamo** fame. 우리는 배가 고프다. 압비아모 파메. **Ho** mal di testa. 나는 머리가 아프다. 오 말 디 떼스따.

Ciao! Luca. Come stai?

Sto molto bene, e tu?

Mina	Ciao! Luca. Come stai? 챠오! 루카. 꼬메 스따이?
Luca	Sto molto bene, e tu? 스또 몰또 베네, 에 뚜?
Mina	In questi giorni sto così così. 인 꿰스띠 죠르니 스또 꼬지 꼬지.
Luca	Come mai? 꼬메 마이?
Mina	Ho il raffreddore. 오 일 라프렛도레.
Luca	Ah, mi dispiace. 아, 미 디스삐아체.

민아	안녕! 루카. 어떻게 지내?
루카	난 아주 잘 지내, 너는?
민아	난 요즘 그저 그래.
루카	어째서?
민아	감기에 걸렸어.
루카	아, 이런 안됐구나.

참고

Come mai?는 '어째서?', '왜?'의 의미로 이유를 물을 때 사용됩니다. Perché와 의미상 차이가 없지만, 엄밀히 따지면, 놀라움이나 의아함이 내포된 표현이라 할 수 있습니다.

대화 TIP

- '가지다'의 뜻을 나타내는 동사 **avere**는 질병이나 아픈 증상, 신체 부위의 통증을 나타낼 때 사용됩니다.

  avere mal di + 신체 부위: ~이/가 아프다

  Ho male di gola/denti/pancia/schiena/testa. 나는 목/치아/배/허리/머리가 아파요.
  오 말 디 골라 덴띠 빤챠 스끼에나. 떼스따.

  avere + 증상을 나타내는 명사

  Ho la febbre./il raffreddore./la tosse. 열이 나요./감기에 걸렸어요./기침이 나요.
  오 라 페브레. 일 라프렛도레. 라 또쎄.

- **mi dispiace**는 유감이나 애석함, 안타까움을 표현할 때 사용합니다. 상대방의 감정이나 상황에 동정심과 공감을 드러내는 표현입니다.

  A Ho un terribile mal di testa. 머리가 심하게 아파요.
  오 운 떼리빌레 말 디 떼스따.

  B Mi dispiace! 안됐군요!
  미 디스삐아체!

새 단어 및 표현

molto 무척, 매우, 많은
in questi giorni 요즘
raffreddore *m.* 감기

Che cosa hai?

Sono molto preoccupato.

Luca	Buongiorno, professoressa. Come sta?
	부온죠르노, 쁘로페쏘레싸. 꼬메 스따?
Elisabetta	Sto bene, e tu come va?
	스또 베네, 에 뚜 꼬메 바?
Luca	Insomma...
	인쏨마...
Elisabetta	Che cosa hai?
	께 꼬사 아이?
Luca	Sono molto preoccupato,
	소노 몰또 쁘레오꾸빠또,
	perché domani ho un esame.
	빼르께 도마니 오 운 에자메.
Elisabetta	Forza! Tu sei bravo.
	포르짜! 뚜 세이 브라보.
Luca	Grazie. ArrivederLa.
	그라찌에. 아리베데를라.

루카	안녕하세요, 선생님. 어떻게 지내세요?
엘리자베타	잘 지내. 너는 어떻게 지내니?
루카	그저 그래요.
엘리자베타	무슨 일이니?
루카	저는 무척 걱정돼요. 내일 시험이 하나 있거든요.
엘리자베타	힘내! 넌 훌륭하잖아.
루카	고마워요. 또 봐요.

대화 TIP

• 상대방에게 무슨 일이 생겼는지 물어볼 때는 **Che cosa ha?** 또는 **Che c'è?**라는 표현을 사용할 수 있습니다. '무슨 일이에요?', '무슨 일 있어요?'라는 뜻입니다.

A **Che cosa ha?** 무슨 일이에요?
　　께　　꼬사　　아?

B **Ho mal di denti.** 이가 아파요.
　　오　말　디　덴띠.

• **Forza!**는 누군가를 응원하거나 기운을 북돋을 때 쓰는 표현입니다. 비슷한 표현으로는 **Dai!**가 있습니다.

새 단어 및 표현

insomma 그럭저럭
preoccupato/a 걱정스러운
perché 왜냐하면, 왜
un (부정 관사) 하나의, 어떤
bravo/a 훌륭한
Grazie. 고마워요.

직업

insegnante

m.f. 선생님

infermiere/a

간호사

medico

의사

contadino/a

농부

barista

m.f. 바리스타

parrucchiere/a

미용사

autista

m.f. 운전기사

commesso/a

점원

casalingo/a

주부

giornalista

m.f. 기자

attore/attrice

배우

cantante

m.f. 가수

stilista

m.f. 디자이너

pittore/pittrice

화가

regista

m.f. (영화, 연극) 감독

cuoco/a

요리사

참고

직업군을 나타내는 -ista로 끝나는 명사의 단수형은 남성·여성이 동일합니다. 단수형일 때 성의 구분은 정관사로 합니다. 그러나 복수형으로는 남성은 -isti, 여성은 -iste가 됩니다. 또한, -tore로 끝나는 명사의 경우 여성형은 -trice가 됩니다.

	단수	복수
남성	il pianista	i pianisti
여성	la pianista	le pianiste

안부 묻고 답하기

Come stai?
꼬메 스따이?

Benissimo!
베니씨모!

A 어떻게 지내?
B 아주 좋아!

B의 기타 표현

Ottimo! 아주 좋아요!
오띠모!

Non c'è male. 나쁘지 않아요.
논 체 말레.

Come va?
꼬메 바?

Come al solito.
꼬메 알 솔리또.

A 어떻게 지내요?
B 늘 그렇죠 뭐.

Non mi sento tanto bene.
논 미 센또 딴또 베네.

Tutto bene?
뚜또 베네?

A 잘 지내요?
B 몸이 별로 좋지 않아요.

▶ sentirsi (기분이나 몸 상태를) 느끼다

문법

1   알맞은 형태의 stare 동사를 넣어 문장을 완성하세요.

(1) Ciao, come _____?

(2) A   Come stai? Tutto bene?

     B   No, _____ male.

(3) Buonasera signora Franchi, come _____?

(4) A   Ragazzi, _____ bene?

     B   Sì, _____ bene, grazie.

★ **ragazzi** 아이들 (ragazzo (소년) 복수형, 문두에 콤마(,)와 함께 쓰이면 '얘들아'라고 부르는 말이 됨.)

2   알맞은 형태의 avere 동사를 넣어 문장을 완성하세요.

(1) Lui _____ 18 anni.

(2) Ragazzi, voi _____ il giornale?

(3) Luigi e Sofia _____ fame.

(4) Tu _____ i capelli rossi.

3   다음을 연결하여 대화를 완성하세요.

(1) A   Come va?   •   • ⓐ B Anch'io sto bene, grazie.

(2) A   Che cosa hai?   •   • ⓑ B Grazie.

(3) A   Forza!   •   • ⓒ B Non c'è male.

(4) A   Sto molto bene, e Lei? •   • ⓓ B Ho 20 anni.

(5) A   Quanti anni hai?   •   • ⓔ B Ho il raffreddore.

● 녹음을 듣고 질문에 답하세요.

018

(1) Fabio의 오늘 상태는 어떠한가요?

① 아주 좋다.　　　　　　　② 슬프다.

③ 아프다.　　　　　　　　④ 화가 났다.

(2) Fabio의 마지막 말에 대한 대답으로 알맞은 것을 고르세요.

① Grazie mille.　　　　　② Mi dispiace.

③ Scusa.　　　　　　　　④ Sto bene.

● 알맞은 표현을 넣어 대화를 완성하세요.

| stai | ho | ciao | sto | come mai | tu |

Mina　Ciao, Luca!

Luca　(1) _____, Mina!

Mina　Come (2) _____?

Luca　(3) _____ benissimo, grazie.
　　　　E (4) _____?

Mina　Così così.

Luca　(5) _____?

Mina　In questi giorni (6) _____ un terribile mal di
　　　　testa.

Luca　Mi dispiace.

이탈리아 이름의 유래를 찾아서

과거에 고대 그리스인들은 이탈리아를 '일몰의 땅'이라는 뜻의 에스페리아(Esperia)라고 불렀습니다. 이탈리아 반도가 그리스 서쪽에 위치하기 때문입니다. 그 후에는 '와인의 땅'이라는 뜻의 에노트리아(Enotria)라고 불린 적도 있었습니다. 이탈리아 남부 지역은 고대 그리스의 거대 식민 도시였기에 '위대한 그리스'라는 뜻의 마그나 그라이키아(Magna Graecia)로도 불렀습니다. 이탈리아라는 국명은 지독한 기근으로 인해 그리스에서 칼라브리아로 이주해 온 왕의 이름에서 유래했다고 합니다. 이 지역은 '이탈리아 백성들의 땅'이라는 뜻의 이탈로이(Italoi)라 불렀는데 여기에서 '이탈리아'라는 이름이 탄생했습니다.

이탈리아는 저마다 독특한 개성과 특징을 지닌 20개의 주로 구성되어 있습니다. 그러면 각 주의 명칭은 무엇에서 유래가 되었을까요? 각 주의 명칭은 지역적 특성과 풍습, 전통, 가장 처음 정착했던 민족의 이름 등에서 유래되었으며, 공통된 어원은 존재하지 않습니다. 그중에 몇 가지만 예를 들어 보면, 시칠리아(Sicilia)는 그리스어 시켈리아(Sikelia)에서 유래된 말로 원래는 시쿨리(Siculi) 혹은 시켈로이(Sikeloi)라 불리던 민족이 거주하던 섬의 동부를 일컫는 말이었습니다. 사르데냐(Sardegna)는 섬 남부 평원에 정착했던 페니키아인의 후손인 '사르데냐인들의 땅'이라는 의미의 사르디니암(Sardiniam)이라는 말에서 유래되었습니다. 그리고 바실리카타(Basilicata)의 어원은 비잔티움 제국 황제의 위임을 받아 당시 이 지역을 다스리던 사람의 이름인 바실리코스(Basylikos)에서 왔습니다. 과거에 바실리카타 지역은 광활한 숲을 이루고 있어서 루카니아(Lucania)라고 불렸습니다. 라틴어로 숲을 루쿠스(lucus)라고 하기 때문입니다. 피에몬테(Piemonte)는 문자 그대로 ai piedi del monte(산기슭)라는 의미이고 롬바르디아(Lombardia)는 7세기 이탈리아를 점령했던 게르만 민족인 '랑고바르드의 땅'이라는 뜻입니다.

피에몬테

Come ti chiami?

동영상 강의

- chiamarsi 동사: 이름이 ~이다

- Com'è?

- 부정 관사 & 정관사

Come ti chiami?
꼬메　띠　끼아미?
네 이름은 뭐야?

Mi chiamo Mina.
미　끼아모　　미나.
내 이름은 미나야.

● chiamarsi 동사: 이름이 ~이다

chiamarsi 동사는 이름을 말할 때 사용되는 동사입니다. 재귀 동사의 형태로 인칭에 따라 재귀 대명사 mi, ti, si, ci, vi, si를 동사 앞에 동반하게 됩니다. 　7과 재귀 동사 참조

io	**mi chiamo** 미 끼아모	noi	**ci chiamiamo** 치 끼아미아모
tu	**ti chiami** 띠 끼아미	voi	**vi chiamate** 비 끼아마떼
lui/lei/Lei	**si chiama** 시 끼아마	loro	**si chiamano** 시 끼아마노

A　Lei **si chiama** Minho? 당신의 이름은 민호입니까?
　레이　시　끼아마　　민호?

B　No, **mi chiamo** Minsu. 아니요, 제 이름은 민수입니다.
　노,　미　끼아모　　민수.

의문사 come를 이용하여 이름을 묻습니다.

A　Come **ti chiami**? 너는 이름이 어떻게 되니?
　꼬메　　띠 끼아미?

B　**Mi chiamo** Michele. 내 이름은 미켈레야.
　미　끼아모　　미켈레.

A　Come **si chiama** Lei? 당신은 이름이 어떻게 되세요?
　꼬메　　시 끼아마　　레이?

B　**Mi chiamo** Marta Ferrari. 제 이름은 마르타 페라리입니다.
　미　끼아모　　마르타　페라리.

● Com'è?

come는 이름이나 안부를 묻는 것 외에도 essere 동사와 함께 쓰여 '~은/는 어때?'라는 뜻으로 주어의 특성을 물을 수 있습니다.

A　**Com'è** la ragazza di Roberto? 로베르토의 여자 친구는 어때?
　꼬메　　라 라가짜　　디 로베르토?

B　**È** molto carina. 그녀는 정말 귀여워.
　에 몰또　　까리나.

> **참고**
> com'è는 come와 essere 동사의 3인칭 단수 è가 모음 충돌로 인해 축약된 형태입니다.

Com'è la professoressa?
꼬메 라 쁘로페쏘레싸?
선생님 어때?

È una persona gentile.
에 우나 뻬르소나 젠띨레.
친절한 분이셔.

● 부정 관사 & 정관사

이탈리아어에는 명사 앞에서 명사의 수나 뜻을 한정하는 부정 관사와 정관사가 있습니다. 부정 관사는 단수 명사 앞에 위치하며 '막연한 어떤 것', '하나의~' 의미를 가집니다. 정관사는 단수, 복수 명사 앞에 위치하며 명사를 '특정한 어떤 것'으로 한정하는 역할을 합니다.

부정 관사

성	부정 관사	용법	예	
남성	**un** 운	단수 남성 명사 앞	**un** pesce 물고기 운 뻬쉐	
	uno 우노	단수 남성 명사 중 s + 자음, x, y, z, pn, gn, ps와 같은 자음으로 시작하는 명사 앞	**uno** specchio 거울 우노 스뻬끼오	
여성	**una (un')** 우나 (운)	단수 여성 명사 앞, 명사가 모음으로 시작하면 un'으로 축약됩니다.	**una** porta 문 우나 뽀르따	**un'**amica 친구 우나미까

정관사

성	수 단수	수 복수	용법	예	
남성	**il** 일	**i** 이	자음으로 시작하는 남성 명사 앞	**il** ragazzo 소년 일 라가쪼	**i** ragazzi 소년들 이 라가찌
	lo (l') 로	**gli** 리	모음으로 시작하는 남성 명사 앞, s + 자음, x, y, z, pn, gn, ps와 같은 자음으로 시작하는 남성 명사 앞	**lo** studente 학생 로 스뚜덴떼 **l'**amico 친구 라미꼬	**gli** studenti 학생들 리 스뚜덴띠 **gli** amici 친구들 리 아미치
여성	**la (l')** 라	**le** 레	여성 명사 앞	**la** porta 문 라 뽀르따 **l'**amica 친구 라미까	**le** porte 문(복수) 레 뽀르떼 **le** amiche 친구들 레 아미께

> **참고**
> 해와 달, 지구와 같이 유일무이한 존재이거나 섬, 호수, 산을 나타내는 명사 앞에는 정관사가 쓰입니다.
> **La luna è gialla.** 달은 노란색이다. **La Terra è tonda.** 지구는 둥글다.

Come si chiama Lei?

Mi chiamo Marta Ferrari.

Marta	**Buongiorno!** 부온죠르노!
Paulo	**Buongiorno! Mi chiamo Paulo Donoso.** 부온죠르노!　　미　끼아모　　파울로　　도노소. **Come si chiama Lei?** 꼬메　시　끼아마　　레이?
Marta	**Mi chiamo Marta Ferrari.** 미　끼아모　　마르타　　페라리.
Paulo	**Molto lieto. Sono un nuovo vicino.** 몰또　리에또.　소노　운　누오보　　비치노. **Sono uno studente argentino in Erasmus.** 소노　우노　스뚜덴떼　　아르젠띠노　　인　에라스무스.
Marta	**Piacere. Sei molto simpatico.** 삐아체레.　세이　몰또　　심빠띠꼬.

마르타	안녕하세요!
파울로	안녕하세요! 제 이름은 파울로 도노소예요. 성함이 어떻게 되세요?
마르타	내 이름은 마르타 페라리예요.
파울로	반가워요. 저는 새로운 이웃이에요. 저는 아르헨티나 교환 학생이에요.
마르타	반가워요. 인상이 무척 좋네요.

대화 TIP

essere 동사를 이용해 사람의 국적, 직업, 직위 등을 표현할 때는 부정 관사를 생략할 수 있습니다. 하지만 주격 보어인 명사가 형용사에 의해서 수식될 때는 생략할 수 없습니다.

Lui è (uno) studente. 그는 학생입니다.
루이 에 (우노) 스뚜덴떼.

Lui è uno studente intelligente. 그는 똑똑한 학생입니다.
루이 에 우노 스뚜덴떼　　인뗄리젠떼.

새 단어 및 표현

nuovo/a 새로운
vicino/a 이웃
in ~에서
Erasmus 교환 학생 프로그램
simpatico/a 호감 가는, 인상이 좋은

Com'è Sofia?

È una ragazza simpatica
e intelligente.

Paulo	**Mina, come si chiama la ragazza alta?** 민아. 꼬메 시 끼아마 라 라가짜 알따?	파울로 민아, 키 큰 여자애 이름이 뭐야?
Mina	**Si chiama Sofia. È la sorella di Luca.** 시 끼아마 소피아. 에 라 소렐라 디 루카.	민아 소피아라고 해. 루카의 누나 야.
Paulo	**Davvero? Com'è Sofia?** 다베로? 꼬메 소피아?	파울로 정말? 어떤 사람이야?
Mina	**Sì, è una ragazza simpatica e intelligente.** 씨. 에 우나 라가짜 심빠띠까 에 인뗄리젠떼.	민아 응, 소피아는 성격이 좋고 똑 똑해.
Paulo	**È molto carina. Anche lei è una** 에 몰또 까리나. 앙께 레이 에 우나 **studentessa universitaria?** 스뚜덴떼싸 우니베르시따리아?	파울로 정말 예쁘다. 그녀도 대학생 이니?
Mina	**No, è stilista di moda.** 노. 에 스띨리스따 디 모다.	민아 아니, 패션 디자이너야.

대화 **TIP**

- **davvero**는 '진짜로', '정말로'라는 뜻의 부사로 말하는 내용이나 의미를 강조하거나 위 대화
에서처럼 단독으로 사용되어 진짜인지 되물을 때 자주 쓰입니다.

  Sei davvero gentile! 넌 정말 친절하구나!
  세이 다베로 젠띨레!

  Tu hai tre figli? Davvero? 네게 자녀가 3명 있다고? 정말이야?
  뚜 아이 뜨레 필리? 다베로?

- 형용사를 수식하는 부사가 등장할 경우 부사는 형용사 앞에 위치합니다.

  Marta è molto bella. 마르타는 무척 아름답다.
  마르타 에 몰또 벨라.

새 단어 및 표현

ragazzo/a 소년/소녀
alto/a 키가 큰
sorella f. 여자 형제
intelligente 똑똑한
carino/a 예쁜, 귀여운
universitario/a 대학의
moda f. 패션

기분, 성격, 외모를 나타내는 형용사

기분

felice
행복한

triste
슬픈

stanco/a
피곤한

arrabbiato/a
화난

preoccupato/a
걱정스러운

noioso/a
지루한

성격

simpatico/a
호감 가는

gentile
친절한

tranquillo/a
차분한, 조용한

intelligente
똑똑한

buono/a
착한

cattivo/a
나쁜

외모

bello/a
잘생긴, 예쁜

brutto/a
못생긴

basso/a
키가 작은

alto/a
키가 큰

grasso/a
뚱뚱한

magro/a
마른

다양한 인사 표현

감사

Grazie mille.
그라찌에 밀레.

Prego.
쁘레고.

A 정말 고마워요.
B 천만에요.

B의 기타 표현

Figurati! 별거 아니에요!
피구라띠!

Di niente! 별거 아니에요!
디 니엔떼!

Non c'è di che! 별거 아니에요!
논 체 디 께!

사과

Scusi.
스꾸지.

Non c'è problema.
논 체 쁘로블레마.

A 미안해요.
B 괜찮아요.

참고

scusi는 격식을 차려야 하는 사이에 사용하는 표현이고 친근한 사이 경우에는 scusa 라고 합니다.

환영

Benvenuto!
벤베누또!

Grazie.
그라찌에.

A 환영합니다!
B 고맙습니다!

참고

상대가 여성일 때는 Benvenuta!입니다.

축하

Buon compleanno!
부온 꼼쁠레안노!

A 생일 축하해요!

B의 기타 표현

Auguri! 축하합니다!
아우구리!

Complimenti! 축하합니다!
꼼쁠리멘띠!

문법 1 알맞은 형태의 chiamarsi 동사를 넣어 문장을 완성하세요.

(1) Ciao, come _____ tu?

(2) Roberto, come _____ la ragazza alta?

(3) Ragazzi, come _____?

(4) I figli di Luigi _____ Alberto e Alessandro.

★ figli *m.* 아들들 (figlio 복수형)

2 빈칸에 들어갈 수 있는 관사를 아래에서 모두 고르세요.

un	il	la	uno	i	le
una	lo	l'	un'	gli	

(1) _____ casa

(2) _____ albero

(3) _____ matite

(4) _____ gioco

(5) _____ zio

(6) _____ caffè

(7) _____ amico

(8) _____ studenti

3 주어진 구문을 복수 형태로 바꾸세요.

(1) il libro nuovo → _____

(2) la penna rossa → _____

(3) il giornale interessante → _____

(4) la finestra grande → _____

(5) lo yogurt buono → _____

● 녹음을 듣고 질문에 답하세요.

023

(1) Come si chiama la ragazza di Roberto?

　① Anna　　　　　　　② Susanna

　③ Paulo　　　　　　　④ Mina

(2) 로베르토의 여자 친구에 대한 묘사로 알맞지 <u>않은</u> 것을 고르세요.

　① bella　　　　　　　② simpatica

　③ intelligente　　　　④ bassa

읽기　● 다음 대화를 읽고 질문에 답하세요.

Sofia	ⓐ _____ quel ragazzo bello?
Luigi	Si chiama Fabio. È un nuovo studente.
Sofia	Di dov'è lui?
Luigi	ⓑ _____
Sofia	Com'è?
Luigi	È un ragazzo molto allegro.

(1) ⓐ에 들어갈 표현으로 알맞은 것을 고르세요.

　① Come ti chiami

　② Come si chiama

　③ Qual è il suo nome

　④ Qual è il tuo nome

(2) ⓑ에 들어갈 대답으로 알맞은 것을 고르세요.

　① Benvenuto!

　② Ha 20 anni.

　③ È spagnolo, di Madrid.

　④ Mi chiamo Luigi.

★ quel ragazzo 저 소년

로마가 이탈리아의 수도가 되기까지!

트레비 분수

역사와 문화 예술의 나라로 불리는 이탈리아는 많은 사람들이 한 번쯤 꼭 가 보고 싶어 하는 여행지로 꼽힙니다. 이탈리아 하면 수천 년의 역사가 고스란히 남아 있는 로마가 가장 먼저 떠오릅니다. 로마는 현재 이탈리아의 정치와 행정 기능이 집중된 수도이지만, 이탈리아 통일 왕국이 설립된 직후의 수도는 로마가 아니었습니다. 로마가 수도로 제정되기까지 많은 우여곡절이 있었습니다.

476년, 서로마 제국 멸망 이후부터 1861년까지 이탈리아는 여러 도시 국가로 분열되어 분쟁이 끊임없이 일어났음에도 불구하고 언제나 중대한 역사·문화적 사건의 중심에 있었습니다. 1861년 주세페 가리발디(Giuseppe Garibaldi)의 군사적 위업과, 당시 이탈리아 반도의 유일한 자치국이었던 피에몬테의 실질적 지배자 사보이 왕가의 전략적 협상의 결실로 이탈리아는 통일을 이루게 됩니다. 그리고 그 해 3월 17일, 의회는 이탈리아 왕국이 사보이 왕국의 지배 체제 하에 놓여 있음을 선포하였습니다. 그러면서 자연스레 사보이 왕국의 수도였던 토리노가 근대 이탈리아 왕국의 첫 번째 수도가 되었습니다. 그 당시 라치오 지역의 상당 부분은 여전히 교황령의 지배 하에 있었고 나폴레옹 3세의 군대가 주둔해 있던 상황이었습니다.

교황과 프랑스는 1864년 9월 15일, 나폴레옹 군대가 로마에서 철수하는 조건으로 중대한 협약을 맺게 됩니다. 이 협약으로 프랑스는 로마를 침공하지 않고 외세의 공격으로부터 교황을 보호할 것을 약속합니다. 그 대가로 프랑스는 이탈리아 왕국이 로마에 관심이 없다는 것을 인정하는 증거로 로마가 아닌 제3의 도시를 수도로 정할 것을 요구합니다. 그 결과 피렌체가 1865년부터 1871년까지 6년간 이탈리아 왕국의 수도가 됩니다. 이탈리아 왕국이 통일된 지 10년째 되는 해인 1871년, 마침내 이탈리아의 수도는 역사적 중심지였던 로마로 이동하게 됩니다. 찬란했던 고대 문화와 역사를 계승한다는 의미가 담긴 결정이었습니다. 그리고 로마는 현재까지 그 자리를 지키며 이탈리아의 심장부 역할을 톡톡히 하고 있습니다.

주세페 가리발디

Che cos'è questo?

동영상 강의

- 지시사
- 소유사

Che cos'è questo?
께 꼬세 꿰스또?
이건 뭐니?

È un libro d'italiano.
에 운 리브로 디딸리아노.
이탈리아어 책이야.

● 지시사

지시사에는 지시 대명사와 지시 형용사가 있습니다. 어떤 물건이나 사람을 대신해 '이것', '저것'으로 부르는 것을 지시 대명사라 하고 '이 책', '저 집'과 같이 '이'나 '저'로 명사를 수식하는 것을 지시 형용사라고 합니다. 지시 대명사는 가리키는 대상에 성과 수를 일치시킵니다.

지시 대명사

	남성		여성	
	단수	복수	단수	복수
이것	questo 꿰스또	questi 꿰스띠	questa 꿰스따	queste 꿰스떼
저것	quello 꿸로	quelli 꿸리	quella 꿸라	quelle 꿸레

Questa è una matita. 이것은 연필 한 자루이다.
꿰스따 에 우나 마띠따.

Quelli sono gli studenti stranieri. 저들은 외국인 학생들이다.
꿸리 소노 리 스뚜덴띠 스뜨라니에리.

지시 형용사

	남성		여성	
	단수	복수	단수	복수
이	questo 꿰스또	questi 꿰스띠	questa 꿰스따	queste 꿰스떼
저	quel 꿸 quello (quell') 꿸로 (꿸)	quei 꿰이 quegli 꿸리	quella (quell') 꿸라 (꿸)	quelle 꿸레

지시 형용사는 보통의 형용사와 같은 방식으로 어미 변화를 하지만 '저'에 해당되는 **quello**는 다음에 오는 명사의 어두에 따라 변화합니다. 정관사 규칙과 같은 변화를 한다고 생각하면 됩니다.

Quel ragazzo è mio cugino. 저 남자아이는 내 사촌이야.
꿸 라가쪼 에 미오 꾸지노.

Quello specchio è enorme. 저 거울은 거대하다.
꿸로 스뻬끼오 에 에노르메.

Di chi è questa chiave?
디 끼 에 꿰스따 끼아베?
이 열쇠는 누구 거야?

È la mia.
에 라 미아.
내 것이야.

● 소유사

소유사는 소유 형용사와 소유 대명사의 두 가지 품사로 사용되고 다음과 같은 동일한 형태를 가집니다.

	남성		여성	
	단수	복수	단수	복수
io	**mio** 미오	**miei** 미에이	**mia** 미아	**mie** 미에
tu	**tuo** 뚜오	**tuoi** 뚜오이	**tua** 뚜아	**tue** 뚜에
lui/lei/Lei	**suo** 수오	**suoi** 수오이	**sua** 수아	**sue** 수에
noi	**nostro** 노스뜨로	**nostri** 노스뜨리	**nostra** 노스뜨라	**nostre** 노스뜨레
voi	**vostro** 보스뜨로	**vostri** 보스뜨리	**vostra** 보스뜨라	**vostre** 보스뜨레
loro	**loro** 로로	**loro** 로로	**loro** 로로	**loro** 로로

소유 형용사는 수식하는 명사 앞에 위치하며 명사의 성과 수를 따릅니다. '~의 것'이라고 해석되는 소유 대명사
는 명사 없이 소유 형용사에 정관사를 붙인 형태로, 생략된 명사에 성·수를 일치시켜야 합니다. 소유사 앞에는
일반적으로 정관사가 등장합니다.

Il **suo** orologio è vecchio. 그의 시계는 낡았다.
일 수오 오롤로죠 에 베끼오.

I **miei** amici sono gentili. 내 친구들은 친절하다.
이 미에이 아미치 소노 젠띨리.

La **mia** casa è piccola, ma la **tua** è grande. 우리 집은 작지만 너의 것(= 집)은 크다.
라 미아 까사 에 삐꼴라, 마 라 뚜아 에 그란데.

가족을 나타내는 단수 명사의 경우에는 정관사를 쓰지 않습니다. 그러나 복수 명사일 경우나 형용사의 수식을
받는 경우에는 항상 정관사를 필요로 합니다.

I **miei** cugini sono alti. 내 사촌들은 키가 크다.
이 미에이 꾸지니 소노 알띠.

Questo è il **mio** caro nonno. 이 사람은 저의 사랑하는 할아버지예요.
꿰스또 에 일 미오 까로 논노.

Mia madre si chiama Paola. 우리 엄마의 이름은 파올라예요.
미아 마드레 시 끼아마 파올라.

> **참고**
> 가족을 나타내는 단수 명사라도 loro의 수식
> 을 받는 경우 정관사를 동반하여야 합니다.
> **il loro padre** 그들의 아버지

Che cos'è questo?

È un vecchio giradischi.

Mina	**Che cos'è questo?** 께 꼬세 꿰스또?
Luca	**È un vecchio giradischi.** 에 운 베끼오 지라디스끼.
Mina	**Che bello! Di chi è?** 께 벨로! 디 끼 에?
Luca	**È di Antonio.** 에 디 안토니오.
Mina	**Chi è Antonio?** 끼 에 안토니오?
Luca	**È il mio proprietario di casa.** 에 일 미오 쁘로쁘리에따리오 디 까사.

민아	이게 뭐야?
루카	오래된 턴테이블이야.
민아	멋지다! 누구 거야?
루카	안토니오 아저씨 거야.
민아	안토니오 아저씨가 누군데?
루카	우리 집주인이야.

참고

cos'è는 cosa와 è가 모음 충돌을 일
으켜 축약된 형태입니다.

대화 TIP

• '무엇'을 나타내는 의문 대명사에는 **cosa**, **che**, **che cosa** 세 종류가 있습니다. 그중
'~것'을 뜻하는 **cosa**가 구어체는 물론 문어체에서 가장 널리 쓰입니다. 행위나 사물의 정체
를 물을 때 쓰이며 명사와 함께 쓰이기도 합니다.

Cosa/Che/Che cos'è l'amore? 사랑이 무엇입니까?
꼬사 께 께 꼬세 라모레?

Che libro è quello? 그건 무슨 책이야?
께 리브로 에 꿸로?

• 의문사 **che**는 형용사나 '형용사 + 명사'와 함께 쓰여 감탄문을 만듭니다.

Che buono! 정말 맛있겠다!
께 부오노!

Che bella città! 정말 아름다운 도시야!
께 벨라 치따!

새 단어 및 표현

giradischi *m.* 턴테이블
bello/a 멋진
Di chi è? 누구 거야?
proprietario/a 소유주, 주인

Mina, chi è quest'uomo?

È il mio fratello
maggiore.

Luca
Mina, chi è quest'uomo?
민아,　　　끼　에 꿰스뚜오모?

Mina
È il mio fratello maggiore.
에 일 미오　　프라뗄로　　　마죠레.

Luca
Allora questa donna è sua moglie?
알로라　　꿰스따　　　돈나　　에 수아　　몰리에?

Mina
Esatto. E questo bimbo è il loro figlio.
에자또.　　에 꿰스또　　빔보　　에 일 로로　　필리오.

Luca
È molto carino! Quanti anni ha?
에 몰또　　까리노!　　꽌띠　　안니　아?

Mina
Ha appena due anni.
아　아뻬나　　두에　안니.

루카	이 남자분은 누구셔?
민아	우리 오빠야.
루카	그러면 이 여자분은 부인이 겠네?
민아	맞아. 그리고 이 아이가 그들의 아들이야.
루카	정말 귀여워! 몇 살이야?
민아	이제 막 두 살 됐어.

대화 TIP

형제, 자매를 나타낼 때 손위, 손아래를 정확히 명시하고 싶을 때는 각각 **grande**와 **piccolo**
의 비교급 **maggiore**(더 큰), **minore**(더 작은)을 붙여 주면 됩니다. [12과 비교급 참조]

il mio fratello maggiore/minore 나의 오빠(형)/남동생
일 미오　프라뗄로　　마죠레　　　　미노레

la mia sorella maggiore/minore 나의 언니(누나)/여동생
라 미아　소렐라　　　마죠레　　　미노레

새 단어 및 표현

uomo *m.* 남자
fratello *m.* 남자 형제
allora 자, 그러면
donna *f.* 여자
moglie *f.* 부인
esatto/a 옳은, 정확한
bimbo/a 아이
appena 막, 방금
due 숫자 2
anno *m.* 해, 년

가족

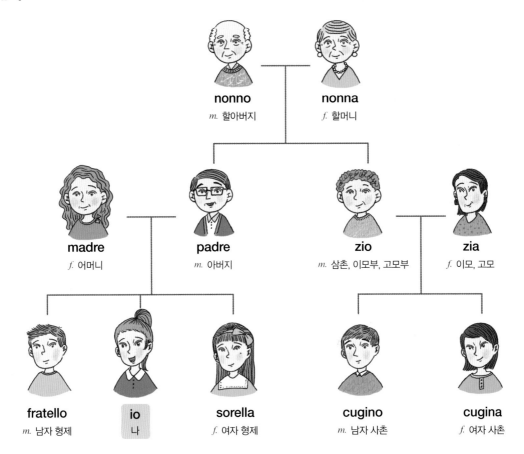

nonno
m. 할아버지

nonna
f. 할머니

madre
f. 어머니

padre
m. 아버지

zio
m. 삼촌, 이모부, 고모부

zia
f. 이모, 고모

fratello
m. 남자 형제

io
나

sorella
f. 여자 형제

cugino
m. 남자 사촌

cugina
f. 여자 사촌

genitori *m.* 부모님
figlio *m.* 아들
figlia *f.* 딸
marito *m.* 남편
moglie *f.* 아내
suocero *m.* 장인, 시아버지

suocera *f.* 장모, 시어머니
genero *m.* 사위
nuora *f.* 며느리
cognato *m.* 처남, 형부
cognata *f.* 시누이, 형수
nipote *m.f.* 조카, 손자, 손녀

참고
가족 명칭들을 변형시켜 애칭처럼 사용하는 용어들도 있습니다. 아래의 명사들이 소유 형용사와 결합할 때는 단수형이라 하더라도 정관사를 동반합니다.
papà, babbo 아빠
mamma 엄마
nonnino/a 할아버지/할머니
fratellino 남동생
sorellina 여동생
figliolo/a 아들/딸

유용한 표현
Espressioni utili

027

일상에서 많이 쓰이는 기원의 말

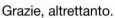

Buon Natale!
부온 나딸레!

Grazie, altrettanto.
그라찌에, 알뜨레딴또.

A 메리 크리스마스!
B 고마워요, 당신도요.

A의 기타 표현

Felice anno nuovo!
펠리체 안노 누오보!
새해 복 많이 받으세요.

Buon anno! 새해 복 많이 받으세요.
부온 안노!

Buon viaggio!
부온 비아쬬!

Buone vacanze!
부오네 바깐쩨!

A 즐거운 여행 되세요!
B 즐거운 휴가 보내세요!

A의 기타 표현

Buon fine settimana!
부온 피네 세띠마나!
즐거운 주말 보내요!

Buona giornata! 즐거운 하루 보내세요!
부오나 죠르나따!

A 행운을 빌어요!
B 고마워요.

A의 기타 표현

In bocca al lupo! 행운을 빌어요!
인 보까 알 루뽀!

Grazie.
그라찌에.

Buona fortuna!
부오나 포르뚜나!

참고

In bocca al lupo!는 늑대 입속에서 꼭
살아 나오라는 뜻의 행운을 비는 표현입니다.
대답은 Grazie가 아닌 Crepi (il lupo)!
라고 해야 하는데, 이는 '늑대가 죽기를!'로 직
역하며 '꼭 행운이 있기를!'이라는 뜻입니다.

문법 **1** 보기 와 같이 빈칸에 알맞은 지시 형용사를 넣고 복수 형태로 바꾸세요.

> 보기 (이) ___questa___ borsa → ___queste borse___

(1) (이) _____ penna → _____

(2) (저) _____ orologio → _____

(3) (이) _____ amico → _____

(4) (저) _____ chiave → _____

★ chiave *f.* 열쇠

2 보기 와 같이 빈칸에 알맞은 소유 형용사를 넣고 복수 형태로 바꾸세요.

> 보기 (너의) ___il tuo___ libro → ___i tuoi libri___

(1) (그들의) _____ giornale → _____

(2) (너의) _____ fiore → _____

(3) (우리들의) _____ bicicletta → _____

(4) (그녀의) _____ fratello → _____

★ fiore *m.* 꽃 | bicicletta *f.* 자전거

3 알맞은 소유사를 사용하여 다음 질문에 답하세요.

(1) A I vostri fratelli sono alti?

 B Sì, _____

(2) A Quella ragazza è tua sorella?

 B No, _____

(3) A È tuo questo portafoglio?

 B Sì, _____

★ portafoglio *m.* 지갑

듣기

● 녹음을 듣고 질문에 답하세요.

(1) 무엇에 대해 말하고 있는지 고르세요.

　① casa　　　　　　　② tavolo

　③ orologio　　　　　④ acqua

(2) 이들이 말하는 물건은 누구의 것인지 고르세요.

　① Federico　　　　　② Susanna

　③ Luigi　　　　　　④ il fratello di Susanna

 읽기

● 다음 대화를 읽고 질문에 답하세요.

A　Fabio, ⓐ come si chiama tuo fratello?

B　Il suo nome è Federico.

A　Ha una macchina?

B　Sì, la sua macchina è molto grande, invece la mia è piccola.

A　Allora di chi è quella macchina rossa?

B　È di Chiara.

(1) ⓐ와 바꿔 쓸 수 있는 표현을 고르세요.

　① Di dov'è?　　　　　② Qual è il nome di tuo fratello?

　③ Qual è la sua nazionalità?　④ Di chi è?

(2) 각각의 자동차와 해당 소유주를 찾아 연결하세요.

①　　•　　　　•　ⓐ Federico

②　　•　　　　•　ⓑ Chiara

③　　•　　　　•　ⓒ Fabio

이탈리아의 풍부한 문화유산

이탈리아는 세계에서 가장 풍부한 문화유산을 보유한 나라입니다.
예술의 본고장답게 전 국토가 박물관을 방불케 할 정도로 곳곳에 놀라운 문화재가 산재해 있습니다.
2022년 기준으로 총 55개의 세계 문화유산이 등재되어 있습니다. 그중 몇 가지를 살펴보겠습니다.

피렌체의 역사 지구

먼저, 프랑스 소설가 스탕달이 '사람을 병들게 하고 정신을 잃게 하는 아름다운 도시'라고 극찬할 정도로 매력적인 예술의 도시 피렌체의 역사 지구는 1982년 유네스코 세계 문화유산으로 등록되었습니다. 성벽으로 둘러싸인 구 시가지에 들어서면 브루넬레스키, 보티첼리, 도나텔로, 미켈란젤로, 레오나르도 다 빈치 등 세기의 천재 예술가들의 작품들을 눈앞에서 감상할 수 있습니다. 특히, 두오모 광장(Piazza del Duomo)에는 르네상스의 상징물들이 웅장하면서도 화려한 자태를 뽐내고 있습니다. 광장의 중심에는 이탈리아 고딕 양식 건축물인 산타 마리아 델 피오레 성당(Cattedrale di Santa Maria del Fiore)이 있습니다. 흰색, 녹색, 분홍색의 삼색이 어우러진 화려한 빛깔과 다채로운 문양의 대리석 파사드와 브루넬레스키가 완성한 거대한 돔이 인상적인 성당입니다. 그 옆에는 조토가 설계한 종탑이 솟아 있고 맞은편에는 로마네스크와 초기 기독교 건축 양식이 혼재된 세례당이 있습니다.

산타 마리아 델 피오레 성당

두 번째로, '기적의 광장(Piazze dei Miracoli)'이라 불리는 피사의 두오모 광장에는 대성당 옆에서 갸웃이 고개를 내민 종탑이 있습니다. 이것이 바로 유명한 피사의 사탑(Torre di Pisa)입니다. 기적의 광장 어느 곳에 있든 항상 시야에 들어오는 사탑은 바라보는 위치에 따라 방향과 기울어진 각도가 달라져 이동하면서 보는 재미를 제공합니다. 피사의 사탑은 11세기 말 부유한 해상 공화국을 이룩한 피사의 영광스러운 행적을 기념하기 위한 대성당의 부속 건물로 신자들에게 예배 시간을 알려 주기 위한 것이었습니다. 대성당보다 사탑이 더욱 유명해진 것은 역사적 아이러니라 할 수 있습니다.

피사의 사탑

칭퀘 테레

세 번째로, 리구리아 주에 위치한 칭퀘 테레(Cinque Terre)는 리구리아의 가파른 암석 해안을 따라 몬테로쏘, 베르나차, 코르닐리아, 마나롤라, 리오마조레로 이어지는 5개의 작은 마을을 지칭합니다. 절벽 아래에 망망한 쪽빛 바다가 펼쳐지는 칭퀘 테레는 다채로운 파스텔 색상이 수놓은 동화 같은 마을로 지중해에서도 경치가 장관으로 꼽히는 곳입니다.

Dov'è il mio portafoglio?

동영상 강의

- esserci 동사: ~이/가 있다

- 전치사 관사

- 의문사 dove

- 위치 부사 및 전치사구

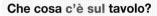

주요 구문 & 문법 Frasi principali & Grammatica

C'è un libro.
체 운 리브로.
책 한 권이 있어요.

Che cosa c'è sul tavolo?
께 꼬사 체 술 따볼로?
탁자 위에 무엇이 있나요?

● esserci 동사: ~이/가 있다

esserci 동사는 essere 동사와 '그곳에'라는 뜻의 부사적 역할을 하는 ci가 결합된 형태로 사람이나 사물의 존재를 나타낼 때 쓰입니다. c'è (ci + è) 뒤에는 단수 명사가, ci sono 뒤에는 복수 명사가 오며 ci는 해석하지 않습니다.

Che cosa c'è sul tavolo? 탁자 위에 무엇이 있나요?
께 꼬사 체 술 따볼로?

C'è una penna. 펜 하나가 있다.
체 우나 뻰나.

Ci sono le chiavi. 열쇠들이 있다.
치 소노 레 끼아비.

● 전치사 관사

전치사와 정관사가 결합해 하나의 형태를 이루는 것을 전치사 관사라고 합니다. 몇 가지 전치사는 뒤에 정관사가 올 때 축약 현상이 일어납니다. 그중에 'di + 정관사' 형태는 '몇 개의', '약간의' 뜻으로 불확실한 수와 분량을 나타내는 부분 관사의 역할도 합니다.

	il	i	lo	gli	la	le	l'
a ~에서	al 알	ai 아이	allo 알로	agli 알리	alla 알라	alle 알레	all' 알
in ~안에	nel 넬	nei 네이	nello 넬로	negli 넬리	nella 넬라	nelle 넬레	nell' 넬
di ~의	del 델	dei 데이	dello 델로	degli 델리	della 델라	delle 델레	dell' 델
da ~(으)로부터	dal 달	dai 다이	dallo 달로	dagli 달리	dalla 달라	dalle 달레	dall' 달
su ~위에	sul 술	sui 수이	sullo 술로	sugli 술리	sulla 술라	sulle 술레	sull' 술

Il libro è sul tavolo. 책은 탁자 위에 있다.
일 리브로 에 술 따볼로.

La chiave è nella borsa. 열쇠는 가방 안에 있어요.
라 끼아베 에 넬라 보르사.

Ci sono delle penne. (= C'è qualche penna.) 몇 개의 펜이 있다.
치 소노 델레 뻰네. 체 꽐께 뻰나.

In frigorifero c'è del pane. (= In frigorifero c'è un po' di pane.) 냉장고에 약간의 빵이 있다.
인 프리고리페로 체 델 빠네. 인 프리고리페로 체 운 보 디 빠네.

참고
부분 관사 'di + 정관사'는 셀 수 없는 명사의 경우 un po' di (약간의), 셀 수 있는 명사의 경우 qualche (몇 개의) 표현을 대신합니다.

Dov'è la posta?
도베   라 뽀스따?
우체국은 어디 있나요?

È davanti al bar.
에 다반띠   알 바르.
바 앞에 있어요.

● 의문사 dove

의문사 dove는 '어디에'라는 뜻으로 사람이나 사물의 위치나 장소를 물을 때 사용합니다. 'dov'è + 단수 명사', 'dove sono + 복수 명사'의 형태를 취합니다. 인칭 대명사가 주어 자리에 올 경우에는 인칭에 따라 essere 동사를 변형시켜 주면 됩니다.

Dov'è il telefono? 전화는 어디에 있어요?
도베   일 뗄레포노?

Maria, dove sei? 마리아, 너 어디 있어?
마리아,   도베   세이?

Dove sono le chiavi? 열쇠들은 어디 있나요?
도베   소노   레 끼아비?

> **참고**
> dov'è는 dove와 essere 동사의 3인칭 단수가 결합된 형태로 모음 충돌로 인해 dove의 마지막 모음이 생략된 것입니다.

● 위치 부사 및 전치사구

dentro 안에
덴뜨로

fuori 밖에
푸오리

sopra 위에
소프라

sotto 아래에
소또

davanti a 앞에
다반띠   아

dietro 뒤에
디에뜨로

a sinistra di 왼쪽에
아 시니스뜨라   디

a destra di 오른쪽에
아 데스뜨라   디

accanto a 옆에
아깐또   아

tra/fra A e B A와 B 사이
뜨라/프라 A 에 B

di fronte a 맞은편에
디 프론떼   아

Il gatto è **sotto** il tavolo. 고양이는 탁자 아래에 있다.
일 가또   에 소또   일 따볼로.

Il pesce è **dentro** il vaso. 물고기는 어항 안에 있다.
일 뻬쉐   에 덴뜨로   일 바소.

Il televisore è **tra** l'armadio **e** il letto. 텔레비전은 옷장과 침대 사이에 있다.
일 뗄레비소레   에 뜨라 라르마디오   에 일 레또.

Dov'è il mio portafoglio?

Non c'è nel cassetto?

Antonio	**Dov'è il mio portafoglio?** 도베 일 미오 뽀르따폴리오?
Marta	**Non è nel cassetto?** 논 에 넬 까쎄또?
Antonio	**No, non c'è. C'è solo qualche calzino.** 노, 논 체. 체 솔로 꽐께 깔찌노.
Marta	**Allora... è sul tavolo in soggiorno.** 알로라... 에 술 따볼로 인 소쬬르노.
Antonio	**Eccolo! E dov'è la mia giacca nera?** 에꼴로! 에 도베 라 미아 쟈까 네라?
Marta	**È nell'armadio.** 에 넬라르마디오.

안토니오	내 지갑 어디 있어요?
마르타	서랍 안에 없어요?
안토니오	아니, 없어요. 양말 몇 개만 있네요!
마르타	그러면… 거실 탁자에 있어요.
안토니오	여기 있네요! 그리고 내 검정색 재킷은 어디 있어요?
마르타	옷장 안에 있어요.

> **참고**
>
> Eccolo!에서 lo는 남성 단수 명사를 가리키는 직접 목적격 대명사입니다.
>
> 9과 직접 목적 대명사 참조

대화 TIP

- **qualche**는 셀 수 있는 명사 앞에서 '몇 개의'라는 의미로 사용됩니다. **qualche** 뒤의 명사는 항상 단수 형태입니다. 같은 표현으로 **alcuni/e**가 있으며 남성/여성 복수 형태의 명사를 취합니다. 17과 부정어 참조

  Ho qualche libro. (= Ho alcuni libri.) 나는 몇 권의 책을 가지고 있다.
  오 꽐께 리브로.　　오 알꾸니 리브리.

- **ecco**는 '여기 ~이/가 있다'라는 의미로 예기치 않은 순간에 사람이나 사물이 나타나거나 접근했을 때 사용하는 표현입니다. **ecco** 뒤에 명사 또는 대명사가 옵니다.

  Ecco il libro. 여기 책이 있다.
  에꼬　일 리브로.

새 단어 및 표현

portafoglio *m.* 지갑
cassetto *m.* 서랍
Non c'è. 없어요.
calzino *f.* 양말
tavolo *m.* 탁자
soggiorno *m.* 거실
giacca *f.* 재킷
nero/a 검정색의
armadio *m.* 옷장

대화 ❷

Dialogo 2

030

Sofia, dov'è il tuo ufficio?

È in via Garibaldi, di fronte alla posta.

Mina	**Sofia, dov'è il tuo ufficio?** 소피아. 도베 일 뚜오 우피쵸?
Sofia	**È in via Garibaldi, di fronte alla posta.** 에 인 비아 가리발디. 디 프론떼 알라 뽀스따.
Mina	**Davvero? È molto vicino a casa mia.** 다베로? 에 몰또 비치노 아 까사 미아.
Sofia	**Dov'è casa tua?** 도베 까사 뚜아?
Mina	**Tra la stazione e l'ospedale.** 뜨라 라 스따찌오네 에 로스뻬달레. **C'è un bel parco dietro casa mia.** 체 운 벨 빠르꼬 디에뜨로 까사 미아.

민아	소피아, 네 사무실은 어디야?
소피아	가리발디 길에 있어. 우체국 맞은편이야.
민아	정말? 우리 집과 정말 가까워.
소피아	너희 집은 어딘데?
민아	기차역과 병원 사이에 있어. 우리 집 뒤편에 멋진 공원이 있어.

대화 TIP

성질 형용사는 보통 명사 뒤에서 수식을 하지만 **bello**는 명사 앞, 뒤에 모두 위치할 수 있습니다. 앞에서 명사를 수식할 경우 지시 형용사 **quello**와 같은 어미 변화를 보입니다.

bel fiore – bei fiori 아름다운 꽃(들)
벨 피오레   베이 피오리

bello studente – begli studenti 잘생긴 남학생(들)
벨로 스뚜덴떼   벨리 스뚜덴띠

bella ragazza – belle ragazze 아름다운 소녀(들)
벨라 라가짜   벨레 라가쩨

새 단어 및 표현

ufficio *m.* 사무실
via *f.* 길
posta *f.* 우체국
vicino a ~ 근처에
stazione *f.* 역
ospedale *m.* 병원

집 구조

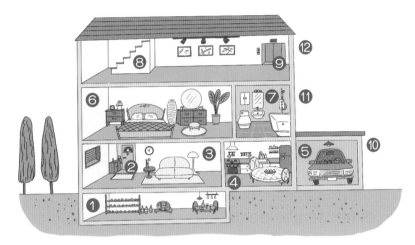

❶ cantina *f.* 지하실, 와인 저장소
❷ ingresso *m.* 현관
❸ soggiorno *m.* 거실
❹ cucina *f.* 부엌
❺ garage *m.* 차고
❻ camera da letto *f.* 침실
❼ bagno *m.* 욕실
❽ scale *f.* 계단
❾ ascensore *m.* 엘리베이터
❿ piano terra *m.* 1층
⓫ primo piano *m.* 2층
⓬ secondo piano *m.* 3층

가전, 가구

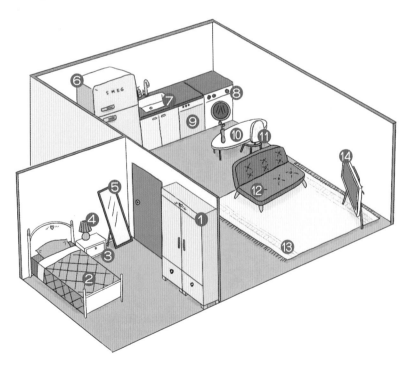

❶ armadio *m.* 옷장
❷ letto *m.* 침대
❸ comodino *m.* 사이드테이블
❹ lampada *f.* 스탠드
❺ specchio *m.* 거울
❻ frigorifero *m.* 냉장고
❼ lavandino *m.* 싱크대, 세면대
❽ lavatrice *f.* 세탁기
❾ lavastoviglie *f.* 식기 세척기
❿ tavolo *m.* 테이블
⓫ sedia *f.* 의자
⓬ divano *m.* 소파
⓭ tappeto *m.* 카페트
⓮ televisione *f.*,
televisore *m.* 텔레비전

유용한 표현　Espressioni utili

위치 표현

È accanto alla finestra.
에 아깐또　알라　피네스뜨라.

Dov'è il gatto?
도베　일 가또?

A 고양이는 어디 있어요?
B 창문 옆에 있어요.

È di fronte al supermercato.
에 디 프론떼　알 수뻬르메르까또.

Dov'è la farmacia?
도베　라 파르마치아?

A 약국은 어디 있나요?
B 슈퍼마켓 맞은편에 있어요.

È vicino a Torino e
에 비치노　아 또리노　에
lontano da Palermo.
론따노　다 빨레르모.

Dov'è Milano?
도베　밀라노?

A 밀라노는 어디 있어요?
B 토리노와 가깝고 팔레르모와는 멀어요.

▶ lontano da ~에서 먼, 떨어진

문법

1　c'è 또는 ci sono 중 알맞은 것을 넣어 문장을 완성하세요.

(1)　Nel cassetto _____ le penne.

(2)　Sulla scrivania _____ un computer.

(3)　Nell'armadio _____ i vestiti.

(4)　Nella borsa _____ una penna.

★ scrivania *f.* 책상

2　그림을 보고 알맞은 전치사를 고르세요.

(1)　Il gatto è (sotto / sopra) la sedia.

(2)　Le penne sono (vicino al / lontano dal) libro.

(3)　La mela è (a destra / a sinistra) dello specchio.

(4)　Il cappello è (davanti / dietro) al bicchiere.

★ mela *f.* 사과 ｜ cappello *m.* 모자 ｜ bicchiere *m.* 유리컵

3　아래에서 알맞은 단어를 넣어 문장을 완성하세요.

di fronte　　　　dove　　　　ci sono　　　　nella

(1)　_____ è il frigorifero?

(2)　Le chiavi sono _____ borsa.

(3)　La banca è _____ alla libreria.

(4)　_____ dei giornali sulla scrivania.

★ libreria *f.* 서점

듣기

● 녹음을 듣고 질문에 답하세요.

033

(1) 마르코의 집의 위치로 알맞은 것을 고르세요.

① via Garibaldi　　　　② via Nazionale

③ via Mazzini　　　　④ via Rossi

(2) 마르코의 집 근처에는 무엇이 있는지 고르세요.

① 레스토랑　　　　② 교회

③ 대학교　　　　④ 공원

읽기

● 그림과 일치하는 설명에는 ○를, 일치하지 않는 설명에는 × 표시를 하세요.

(1) Il bar è tra il supermercato e la banca.　　　(　　)

(2) La posta è di fronte alla banca.　　　(　　)

(3) La libreria è a sinistra della posta.　　　(　　)

(4) Il supermercato è dietro il bar.　　　(　　)

(5) L'albero è accanto alla libreria.　　　(　　)

이탈리아인의 삶의 일부, 커피

이탈리아인들의 하루는 커피로 시작된다고 해도 과언이 아닙니다. 이탈리아인들에게 커피는 단순한 카페인 음료가 아니라 문화유산이자 삶의 일부라고 할 정도로 중요한 부분을 차지합니다. 커피는 1570년경 이탈리아 해상 무역의 거점이었던 베네치아를 통해 유럽으로 전파되었습니다. 커피를 들여온 사람은 파도바의 식물학자이자 의사인 프로스페로 알피노(Prospero Alfino)였습니다. 그 당시 커피는 부유한 사람들만이 마실 수 있는 값비싼 음료에 속했으며 약국에서 판매되었습니다. 그 후, 베네치아에는 수많은 카페가 문을 열게 됐고 1763년에는 무려 218개에 달하는 카페가 생겼습니다. 최초의 커피

매장은 1683년 베네치아의 산 마르코 광장에 문을 열었으며, 이탈리아에서 현존하는 가장 오래된 카페는 1720년에 문을 연 베네치아의 '플로리안(Florian)'이라는 카페입니다. 플로리안은 괴테와 쇼팽, 루소, 바이런 등 당대의 내로라하는 문예가와 예술가들이 즐겨 찾았던 곳으로 유명합니다.

커피가 유입되고 짧은 시간 만에 커피는 고급 기호 제품이 되었으며 많은 연인들이 커피를 주고받음으로써 애정 표현의 상징물이 되기도 했습니다. 교황 클레멘트 8세 때, 일부 광신도들이 커피를 '악마의 음료'라 칭하며 금지해야 한다고 주장했으나, 커피 맛에 반한 교황 덕분에 금지의 위기를 넘기고 오히려 더욱더 대중적으로 확산되었습니다. 18세기 지식인들은 커피를 '지적인 음료'라 부르며 그 가치를 높이 평가했고, 이들로 인해 커피는 활기를 불어넣어 주고 치유력이 있는 건강한 음료로 통용되기 시작했습니다.

오랜 커피 역사를 간직한 만큼 이탈리아인들은 자국 커피에 대한 자부심이 굉장히 강합니다. 커피 문화가 이탈리아를 중심으로 형성된 만큼 커피 명칭 또한 이탈리아어가 대부분입니다. 이탈리아인들이 가장 즐겨 마시는 커피는 에스프레소(espresso)입니다. 카페 에스프레소(caffè espresso)나 카페 노르말레(caffè normale)라고 부르기도 합니다. 에스프레소 외에도 카푸치노(cappuccino), 카페 마키아토(caffè macchiato), 카페 마로키노(caffè marocchino) 등 우유가 첨가된 다양한 종류의 커피와 여름철에 시원하게 즐길 수 있는 샤케라토(shakerato)가 있습니다. 이탈리아인들은 바(bar)라고 불리는 카페를 이용하기도 하지만 가정에서도 모카 포트를 이용해 커피를 마시며 늘 커피와 가깝게 생활합니다.

Che ore sono?

동영상 강의

- 숫자
- 시간 묻고 답하기
- 날짜와 요일

Quanti anni hai?
너는 몇 살이야?

Ho ventidue anni.
나는 22살이야.

● 숫자

0	zero				
1	uno	11	undici	30	trenta
2	due	12	dodici	40	quaranta
3	tre	13	tredici	50	cinquanta
4	quattro	14	quattordici	60	sessanta
5	cinque	15	quindici	70	settanta
6	sei	16	sedici	80	ottanta
7	sette	17	diciassette	90	novanta
8	otto	18	diciotto	100	cento
9	nove	19	diciannove	1.000	mille
10	dieci	20	venti	1.000.000	milione

20 이후의 숫자는 각 일의 자리에 1~9의 숫자를 붙여서 만들면 됩니다.

31 trentuno

32 trentadue

41 quarantuno

42 quarantadue

> **참고**
> -uno, -otto와 결합되는 십의 자릿수의 마지막 모음은 생략됩니다.
> trenta + uno = trentuno
> venti + otto = ventotto

uno는 부정 관사와 같은 어미 변화를 하고, cento는 불변이며, mille의 복수형은 mila입니다.

una casa 집 한 채

cento pagine 백 페이지

trecento euro 삼백 유로

tremila abitanti 주민 삼천 명

긴 수는 뒤에서 세 자리씩 끊어서 읽습니다.

2.019 duemiladiciannove

537.462 cinquecentotrentasettemilaquattrocentosessantadue

> **참고**
> 천 단위 구분에는 마침표(.)가, 소수점 표기는 쉼표(,)가 사용됩니다.
> 10,80 euro 10유로 80센트

Che ora è?
몇 시예요?

È l'una e dieci.
1시 10분이에요.

● 시간 묻고 답하기

'몇 시입니까?'라고 묻는 표현은 **Che ora è?**와 **Che ore sono?** 두 가지 표현이 있습니다. 대답은 1시를 제외하고 'sono le + 기수' 형태를 사용합니다. 시와 분 사이는 **e**로 연결합니다. 1시의 경우는 단수 형태인 **È l'una.**로 답합니다.

A **Che ore sono?** 몇 시 입니까?

B **È l'una e cinquanta.** 1시 50분입니다.

A **Che ore sono?** 몇 시입니까?

B **Sono le otto meno dieci.** 8시 10분 전(7시 50분)입니다.

> **참고**
> '~분 전'이라는 표현은 '~보다 적은(덜한)'을 뜻하는 **meno**를 이용해 나타낼 수 있습니다.

● 날짜와 요일

mese 월

1월	gennaio	7월	luglio
2월	febbraio	8월	agosto
3월	marzo	9월	settembre
4월	aprile	10월	ottobre
5월	maggio	11월	novembre
6월	giugno	12월	dicembre

giorni della settimana 요일

월요일	lunedì
화요일	martedì
수요일	mercoledì
목요일	giovedì
금요일	venerdì
토요일	sabato
일요일	domenica

날짜는 일, 월, 년 순으로 표현하며, '일'을 말할 때는 'il + 기수'의 형태를 사용합니다. 단, 매월 1일의 경우 '첫 번째'를 뜻하는 서수 **primo**를 사용합니다. 일요일을 제외하고 모두 남성 명사입니다.

A **Quanti ne abbiamo oggi?** 오늘은 며칠입니까?

B **Oggi è il 9 febbraio.** 오늘은 2월 9일입니다.

A **Che giorno è oggi?** 오늘은 무슨 요일입니까?

B **Oggi è mercoledì.** 오늘은 수요일입니다.

Che ore sono a Seoul?

Sono le dieci e un quarto.

Luca	Che ore sono adesso?
Mina	Sono le tre e un quarto.
Luca	Che ore sono a Seoul?
Mina	Sono le dieci e un quarto.
Luca	Lì è mattina?
Mina	No, è notte. La corea è 7 ore avanti rispetto all'ora italiana.

루카   지금 몇 시야?

민아   3시 15분이야.

루카   서울은 몇 시야?

민아   10시 15분이야.

루카   거기는 아침이야?

민아   아니, 밤이야. 한국은 이탈리아 보다 7시간이 빨라.

대화 TIP

시간을 읽을 때, 15분과 30분은 달리 표현하는 방법이 있습니다. 15분은 1/4의 **un quarto**, 30분은 **mezzo** 또는 **mezza**로 표현할 수 있습니다.

   Sono le tre e un quarto. 3시 15분입니다.
   Sono le sei e mezzo. (= Sono le sei e mezza.) 6시 30분입니다.

새 단어 및 표현

adesso 지금
un quarto 4분의 1
lì 거기
mattina *f.* 아침
notte *f.* 밤
avanti 앞에, ~보다 전에
rispetto a
~에 비해, ~와/과 비교하여

Quando è il tuo compleanno?

Il 13 luglio.

Luca	Quando è il tuo compleanno?
Mina	Il 13 luglio. E quando è il tuo?
Luca	Questo sabato.
Mina	Quanti ne abbiamo oggi?
Luca	Oggi è il 12 aprile.
Mina	Allora il tuo compleanno è il 15 aprile. Auguri!

루카	네 생일은 언제야?
민아	7월 13일이야. 네 생일은 언제야?
루카	이번 토요일이야.
민아	오늘이 며칠이지?
루카	오늘은 4월 12일이야.
민아	그럼 네 생일은 4월 15일이구나. 축하해!

대화 TIP

'이번 ~요일'이라고 표현할 때는 'questo + 요일'이라고 하고, '지난/다음 요일'은 '요일 + scorso/prossimo' 또는 'lo scorso/il prossimo + 요일'입니다. 단, 요일 중 일요일은 여성 명사이기 때문에 형용사의 어미를 여성형으로 바꿔야 합니다.

venerdì scorso = lo scorso venerdì 지난 금요일
venerdì prossimo = il prossimo venerdì 다음 금요일
domenica prossima = la prossima domenica 다음 일요일

새 단어 및 표현

compleanno *m.* 생일
Quando è il tuo compleanno?
네 생일은 언제야?

때를 나타내는 어휘

mezzanotte
자정

sera
저녁

notte
밤

pomeriggio
오후

mattina
오전

mezzogiorno
정오

tre giorni fa 3일 전   **l'altro ieri** 엊그제   **ieri** 어제   **oggi** 오늘

domani 내일   **dopodomani** 내일 모레   **fra tre giorni** 3일 후

계절

primavera
봄

estate
여름

autunno
가을

inverno
겨울

시간 관련 표현

Che ora è adesso?

Sono le sette e mezzo.

A 지금 몇 시야?
B 7시 반이야.

B의 기타 표현

Sono le sette e trenta.
7시 30분이야.

Che ore sono?

È mezzogiorno.

A 몇 시야?
B 정오야.

B의 기타 표현

È mezzanotte. 자정이야.

Sono già le sei e un quarto!

Siamo in ritardo!

A 벌써 6시 15분이야!
B (우리) 늦었어!

▶ già 벌써, 이미 |
essere in ritardo 늦다

문법

1 다음 숫자를 이탈리아어로 풀어서 쓰세요.

(1) 20 → _____ (2) 1997 → _____

(3) 850 → _____ (4) 28 → _____

(5) 119 → _____ (6) 34060 → _____

2 시계를 보고 몇 시인지 이탈리아어로 쓰세요.

Che ore sono?

(1)
7:15

_____

(2)
12:00

_____

(3)
3:30

_____

(4)
8:50

_____

(5)
1:45

_____

(6)
17:00

_____

3 다음 달력을 보고 질문에 답하세요.

7

D	L	M	M	G	V	S
					1	2	3
4	5	6	7	8	9	10
11	12	13	14 oggi	15	16	17
18	19	20	21	22	23	24
25	26	27	28	29	30	

(1) Che giorno è oggi?

_____

(2) Che giorno è domani?

_____

(3) Quanti ne abbiamo oggi?

_____

(4) In che stagione siamo?

_____

038

● 녹음을 듣고 질문에 답하세요.

(1) Quando è il compleanno di Maria?

① il 18 maggio   ② il 16 maggio

③ il 16 marzo   ④ il 19 marzo

(2) Quanti ne abbiamo oggi?

① il 18 maggio   ② il 16 marzo

③ il 16 maggio   ④ il 15 marzo

(3) Che giorno è oggi?

① venerdì   ② mercoledì

③ lunedì   ④ giovedì

● 다음 대화를 읽고 질문에 답하세요.

A   Che ore sono adesso?

B   Sono le tre del pomeriggio.

A   Che ore sono in Città del Messico?

B   Sono le otto.

A   Di sera?

B   No, lì è di mattina. Il Messico è 7 ore indietro rispetto all'ora italiana.

A   Allora la Corea è 14 ore avanti rispetto all'ora messicana.

(1) 현재 한국은 몇 시인가요?

① 오전 3시   ② 오후 10시

③ 오전 8시   ④ 오후 5시

(2) 위 대화 내용과 일치하는 것을 고르세요.

① 멕시코는 현재 저녁 8시이다.

② 한국은 이탈리아보다 15시간이 빠르다.

③ 멕시코는 이탈리아보다 7시간 느리다.

④ 이탈리아는 한국보다 8시간 빠르다.

★ indietro 뒤에, 뒤떨어져

배우고자 하면 기회가 있다!
이탈리아의 교육 제도

이탈리아는 학력과 학벌을 중시하는 사회가 아니기 때문에 맹목적인 입시 경쟁이나 사교육 시장의 비대화와 같은 문제는 찾아보기 힘듭니다. 이탈리아 학교의 90%는 국·공립으로 대부분의 학생들이 중앙 정부와 지방 정부가 지원하는 장학금이나 가계 보조금을 받고 학교에 다닙니다. '교육을 받을 만한 능력과 자격을 갖춘 사람이라면 누구나 경제적 여건과 관계없이 최고 과정까지 학업을 계속할 수 있어야 한다'는 것을 헌법에 명시함으로써, 이탈리아는 자국민의 교육에 대한 국가의 책임을 강조하고 있습니다.

이탈리아의 학제를 살펴보면, 3세에서 6세까지 유아 교육이 이루어지며 의무는 아니지만 유치원에 보내는 것이 일반화되어 있습니다. 6세에서 11세까지의 초등 교육은 전면 무상 교육이며 중앙 정부와 지방 정부가 비용을 나눠서 부담합니다. 초등 교육과 11세에서 14세까지 3년간의 중학교 교육 과정, 총 8년은 의무 교육 과정입니다. 이후, 5년간의 고등학교 과정은 준 의무 교육 기간으로 부모가 등록금과 교재비를 부담하지만 가계 소득 수준에 따라 보조금이 지급됩니다. 이탈리아의 고등학교도 인문계와 자연계, 예술, 외국어, 기술 등 다양한 종류로 나뉘고, 고등학교를 졸업하려면 마투리타(Maturità)라고 하는 졸업 시험을 치러야 합니다.

다음으로 대학 과정은 보통 3년이나, 법학이나 의학, 약학과는 5년입니다. 이후 석사는 2년, 박사는 3년 과정입니다. 가계 소득 수준에 따른 정부 보조금 혜택은 대학까지 적용됩니다. 적법하게 거주하고 있는 외국인도 적용 대상입니다. 고등학교 졸업장만 있으면 누구나 대학에 입학할 수 있습니다. 하지만 매년 50%인 대학 진학률에 비해 졸업자의 비율이 턱없이 낮아 졸업이 만만치 않음을 알 수 있습니다.

철저하게 평준화되어 있고 경제적 능력에 상관없이 배우고자 하는 사람은 누구나 공부할 수 있는 기회를 제공한다는 점이 이탈리아 교육 제도의 주요 특징이자 궁극적인 목표입니다.

Parla italiano?

동영상 강의

- 직설법 현재 규칙 동사: -are, -ere, -ire

- Da quanto tempo ~?

- 재귀 동사

- A che ora ~?

Parli italiano?
너는 이탈리아어를 하니?

Sì, un po'.
응, 조금.

● 직설법 현재 규칙 동사: -are, -ere, -ire

이탈리아어 동사는 어미에 따라 **-are**, **-ere**, **-ire** 세 가지로 분류되며, 같은 어미형에 속하는 동사들은 대부분 같은 방식으로 어미 변화를 합니다. 객관적 사실, 확인된 정보, 확실성 등을 표현하는 것을 직설법이라고 하며, 직설법 현재 규칙 동사는 아래 표와 같이 변화합니다. -ire 동사는 두 가지 유형으로 나뉘니 유심히 살펴보기 바랍니다.

	-are	-ere	-ire 1유형	-ire 2유형
	parlare 말하다	scrivere 쓰다	partire 떠나다	capire 이해하다
io	parlo	scrivo	parto	capisco
tu	parli	scrivi	parti	capisci
lui/lei/Lei	parla	scrive	parte	capisce
noi	parliamo	scriviamo	partiamo	capiamo
voi	parlate	scrivete	partite	capite
loro	parlano	scrivono	partono	capiscono

Maria **parla** italiano. 마리아는 이탈리아어를 구사한다.

Noi **scriviamo** una lettera. 우리는 편지 한 통을 쓴다.

Tu **parti** per Parigi? 너는 파리로 떠나니?

Non **capisco** bene l'italiano. 나는 이탈리아어를 잘 이해하지 못해요.

● Da quanto tempo ~?

무엇을 한 지 얼마나 되었는지 기간을 묻는 표현입니다. 질문과 대답은 '~이래로', '~부터'를 뜻하는 전치사 da 를 이용합니다. 어떠한 일이 과거에서 현재까지 지속되고 있는지를 묻는 표현이기 때문에 주로 현재형을 이용합니다.

질문	Da quanto tempo ~? ~한 지 얼마나 되었나요?	A **Da quanto tempo** vive qui? 이곳에 산 지 얼마나 되셨어요?
답변	~ da + 기간. ~ (기간)째입니다.	B Vivo qui **da** dieci anni. 십 년째 이곳에 살고 있어요.

A che ora ti alzi?
몇 시에 일어나?

Di solito mi alzo alle 7.
보통 7시에 일어나.

● 재귀 동사

재귀 동사는 행위가 스스로에게 영향을 미치는 동사로 타동사 어미에 재귀 대명사 -si가 붙은 형태입니다. 재귀 동사는 인칭에 따라 어미 변화를 하며, 반드시 동사 앞에 재귀 대명사(mi, ti, si, ci, vi, si)를 동반합니다.

	alzarsi 일어나다	mettersi 착용하다	vestirsi 옷을 입다
io	mi alzo	mi metto	mi vesto
tu	ti alzi	ti metti	ti vesti
lui/lei/Lei	si alza	si mette	si veste
noi	ci alziamo	ci mettiamo	ci vestiamo
voi	vi alzate	vi mettete	vi vestite
loro	si alzano	si mettono	si vestono

I bambini **si alzano** sempre alle 8. 아이들은 항상 8시에 일어난다.

Stasera **mi metto** la giacca. 오늘 저녁 나는 재킷을 입는다.

Paola **si veste** bene. 파올라는 옷을 잘 입는다.

> **참고**
> 재귀 동사는 대부분 규칙 동사이기 때문에 재귀 대명사를 제외한 타동사 부분은 -are, -ere, -ire 동사의 규칙 변화를 따르면 됩니다.

● A che ora ~?

A che ora ~?는 '몇 시에 ~?'라는 표현으로 질문과 대답 모두 전치사 a를 활용합니다. 대답할 때 1시는 단수형인 all'(alla가 모음 충돌로 축약된 형태)를 사용하고 2시부터 24시까지는 복수형인 alle를 사용합니다.

A **A che ora** pranzate? 너희들은 몇 시에 점심을 먹니?

18과 서수 참조

B **All'una e un quarto.** 1시 15분에 (먹어).

A **A che ora** comincia la lezione? 몇 시에 수업이 시작하나요?

B **Alle 9 di mattina.** 오전 9시에 (시작해요).

Da quanto tempo studi l'italiano?

Frequento un corso d'italiano da 6 mesi.

Sofia	Complimenti, parli bene l'italiano!	소피아	훌륭해, 이탈리아어를 잘하는구나!
Paulo	Grazie! Ma... ho ancora molto da imparare.	파울로	고마워! 그런데 아직 배워야 할 게 많아.
Sofia	Da quanto tempo studi l'italiano?	소피아	이탈리아어를 공부한 지 얼마나 됐어?
Paulo	Frequento un corso d'italiano da 6 mesi.	파울로	6개월째 이탈리아어 코스를 다니고 있어.
Sofia	Quante lingue parli?	소피아	너는 몇 개의 언어를 말하니?
Paulo	Parlo spagnolo, ovviamente, portoghese e un po' di inglese.	파울로	스페인어는 당연하고 포르투갈어, 영어를 조금 할 줄 알아.

대화 TIP

• '~(으)로부터'라는 뜻의 전치사 **da** 뒤에 동사 원형이 오면 '~할 것'이라는 의미가 됩니다.

Ho dei libri da leggere. 내가 읽어야 할 책이 몇 권 있다.

Abbiamo tante cose da mangiare. 우리는 먹을 것을 많이 가지고 있다.

• **quanto**는 의문 형용사와 의문 대명사로 쓰입니다. 의문 형용사로 쓰일 경우, 사람이나 물건의 수량을 나타내며, '몇 개의', '어느 정도의'를 뜻합니다. 뒤따라오는 명사의 성·수에 일치하여 어미 변화를 합니다. 의문 대명사로 쓰일 경우, '얼마나'라는 뜻이 됩니다.

Quanti fratelli ha? 형제가 몇 명 있나요? (의문 형용사)

Quante lingue parli? 몇 개의 언어를 하니? (의문 형용사)

Quanto costa questo orologio? 이 시계 얼마예요? (의문 대명사)

새 단어 및 표현

parlare 말하다
imparare 배우다
studiare 공부하다
frequentare 다니다
corso *m.* 과정, 코스

A che ora ti alzi
di solito?

Mi alzo alle 6.

Mina	A che ora ti alzi di solito?
Luca	Mi alzo alle 6.
Mina	Così presto?
Luca	Sì, perché ho una lezione alle 8.
Mina	Dopo la lezione torni subito a casa?
Luca	No, pranzo con gli amici e studio un po' in biblioteca. E poi torno a casa verso le 4 di pomeriggio.

민아 몇 시에 일어나?

루카 6시에 일어나.

민아 그렇게 일찍?

루카 응, 8시에 수업이 있거든.

민아 수업 끝나고 바로 집에 가니?

루카 아니, 친구들과 점심을 먹고 도서관에서 공부를 조금 해. 그러고 나서 오후 4시쯤 집에 돌아가.

대화 TIP

- 전치사 **dopo**는 '~ 후에'라는 뜻으로 바로 뒤에 명사를 취합니다. 반대로 '~ 전에'라는 표현은 **prima di**입니다.
  Partiamo dopo cena. 우리는 저녁 식사 후에 떠난다.
  Partiamo prima di cena. 우리는 저녁 식사 전에 떠난다.

- **verso**가 시간 표현과 함께 쓰이면 대략적인 시간을 나타내는 '~시쯤'이라는 뜻이 됩니다.
  A A che ora ci vediamo? 우리 몇 시에 볼까?
  B Ci vediamo verso le 8 di sera. 저녁 8시쯤에 (보자).

새 단어 및 표현

di solito 보통, 평소에
così 그렇게
presto 일찍
lezione f. 수업
dopo ~ 후에, 나중에
tornare 돌아가다
subito 즉시, 곧
pranzare 점심 식사 하다
con ~와/과 함께
biblioteca f. 도서관
poi 그다음에, 게다가

-are 동사

mangiare
먹다

comprare
사다

ascoltare
듣다

studiare
공부하다

pagare
지불하다

cantare
노래하다

lavorare
일하다

entrare
들어가다

tornare
돌아오다

camminare
걷다

incontrare
만나다

abitare
거주하다

pranzare
점심 식사 하다

cenare
저녁 식사 하다

arrivare
도착하다

pensare
생각하다

cominciare
시작하다

cercare
찾다

ballare
춤추다

참고

cercare, pagare와 같이 -care, -gare
로 끝나는 동사는 2인칭 단수와 1인칭 복수
형에서 원형의 음가를 살리기 위해 -chi,
-ghi, -chiamo, -ghiamo와 같이 어미
변화합니다.

	cercare	pagare
tu	cerchi	paghi
noi	cerchiamo	paghiamo

유용한 표현

Espressioni utili

042

하루 일과 표현

Mi alzo alle 7
di mattina.

나는 아침 7시에 일어납니다.

Studio l'italiano
dalle 9 alle 13.

9시부터 13시까지 이탈리아어를
공부합니다.

Alle 13 pranzo
con gli amici.

13시에 친구들과 점심 식사를 합니다.

Torno a casa e
guardo la TV.

집에 돌아와서 텔레비전을 봅니다.

▶ guardare 시청하다, 보다

Verso le 19 ceno e
alle 22 vado a letto.

7시쯤 저녁 식사를 하고 밤 10시에
잡니다.

참고

vado는 andare 동사의
1인칭 단수입니다.

▶ andare a letto 잠자리에 들다

문법 1 주어진 동사를 알맞은 형태의 직설법 현재로 바꿔 문장을 완성하세요.

(1) Quando _____ (voi – finire) il compito?

(2) Mario e Angela _____ (cantare) molto bene.

(3) Lei non _____ (mangiare) gli spaghetti.

(4) Tu _____ (ascoltare) la radio?

(5) Mia sorella e io _____ (tornare) a casa tardi.

(6) A che ora _____ (cominciare) la lezione?

2 주어진 재귀 동사를 알맞은 형태로 바꿔 문장을 완성하세요.

(1) Dario, a che ora _____ (svegliarsi) di solito?

(2) Noi _____ (sedersi) sulla sedia della cucina.

(2) Io _____ (lavarsi) con l'acqua calda.

(2) Molti studenti _____ (addormentarsi) in classe.

3 그림을 보고 알맞은 재귀 동사를 찾아 활용하여 문장을 완성하세요.

truccarsi   alzarsi   lavarsi   vestirsi

(1) I bambini _____ i denti.

(2) Paola _____.

(3) Mio fratello e io _____ alle 6 di mattina.

(4) Fabio _____ sempre bene.

★ truccarsi 화장하다

90

● 녹음을 듣고 알맞은 것을 찾아 연결하세요.

043

(1)

•

• ⓐ 9:00

(2)

•

• ⓑ 23:00

(3)

•

• ⓒ 6:30

(4)

•

• ⓓ 13:00

읽기

● 다음 글을 읽고 내용과 일치하면 V, 일치하지 않으면 F에 표시하세요.

Sara si sveglia sempre alle 7. Quando suona la sveglia si alza subito e si fa la doccia. E poi fa colazione con suo marito Carlo. Sara prende il caffè e Carlo beve il tè. Mentre Carlo legge il giornale, Sara si trucca. Alle 8:30 prendono l'autobus.

(1) 사라는 일어나자마자 아침 식사를 합니다. V F

(2) 사라와 카를로는 함께 버스를 탑니다. V F

(3) 카를로가 신문을 읽는 동안 사라는 옷을 입습니다. V F

(4) 사라는 커피를 마시고 카를로는 차를 마십니다. V F

★ suonare 울리다, 연주하다 | sveglia *f.* 알람 시계

이탈리아인은 손으로 말한다!

이탈리아인들은 '손으로 말한다'고 할 정도로 대화 중에 손동작을 자주 사용합니다. 해외 TV 프로그램에서 이탈리아인들을 굉장히 분주하게 손동작을 하며 시끄럽게 떠드는 사람들로 자주 패러디 하는 것을 볼 수 있습니다. 이제는 손동작을 취하는 것만 봐도 이탈리아 사람이라는 것을 금방 알아차릴 정도로 현란한 제스처는 언제부턴가 이탈리아인들의 고유한 특징으로 인식이 되고 있습니다. 손동작을 함으로써 하고자 하는 말이나 의도를 더욱 분명하게 나타낼 수 있으며 적극적으로 대화에 참여하고 있다는 인상을 심어 주는 긍정적인 효과가 있습니다. 그러나 모든 이탈리아 사람들이 과장될 정도로 제스처를 사용하는 것은 아니며 주로 이탈리아 중남부, 특히 나폴리 지역에서 자주 볼 수 있습니다.

이탈리아인들은 왜 손동작을 많이 쓰게 되었을까요? 이탈리아가 통일을 이루기 전까지 오랜 세월 동안 수백 개의 작은 자치 도시로 분리되어 있었기 때문에 언어 또한 지역별로 다양한 방언으로 분화될 수밖에 없었습니다. 언어의 통일이 비교적 근대에 와서 이루어졌기 때문에 지역 간의 언어적 차이를 극복하는 데 어려움이 있었습니다. 그래서 학자들은 지역 간의 보다 정확한 의사소통을 위해 제스처가 발달했을 가능성을 제시하고 있습니다. 또한, 제스처가 확산된 데에는 여러 지역을 돌며 공연을 펼쳤던 '콤메디아 델 아르테 Commedia dell'arte'라고 불리는 이탈리아 연극의 역할이 컸다고 주장합니다.

◆ 이탈리아인들의 전형적인 손동작 몇 가지를 살펴보겠습니다.

뭐 어쩌라고?
뭘 원해?

(음식) 맛있어요!

행운을 빌어요!

관심 없어!

92

Che cosa fai nel tempo libero?

동영상 강의

- fare 동사
- 빈도 부사
- 현재 진행형
- 날씨 표현

Fai spesso ginnastica?
자주 운동을 하니?

**Sì, faccio ginnastica
ogni giorno.**
응, 매일 운동해.

● fare 동사

'~하다'의 의미인 fare 동사는 불규칙 동사이며 다양한 행위나 날씨를 표현할 때 주로 사용됩니다.

io	faccio	noi	facciamo
tu	fai	voi	fate
lui/lei/Lei	fa	loro	fanno

fare colazione 아침 식사를 하다	fare un viaggio 여행을 하다	fare la spesa 장을 보다
fare i compiti 숙제를 하다	fare ginnastica 운동을 하다	fare una passeggiata 산책을 하다
fare la fila 줄을 서다	fare la doccia 샤워하다	fare una festa 파티를 열다

Laura **fa** la spesa ogni giorno. 라우라는 매일 장을 봐요.

Noi **facciamo** la fila per comprare il biglietto. 우리는 티켓을 사기 위해 줄을 선다.

● 빈도 부사

어떤 일이 일어나는 빈도를 표현하는 부사로 '항상', '종종', '때때로' 등의 의미를 나타냅니다. 이탈리아어에서 빈도 부사의 위치는 크게 제약이 없지만 주로 꾸며 주는 동사에 가까이 위치합니다.

> **sempre** 항상 동사 뒤
> **spesso** 자주 동사 앞이나 뒤
> **di solito** 보통 문장 맨 앞
> **ogni tanto, qualche volta** 가끔 문장 맨 앞
> **raramente** 좀처럼 ~않다 동사 뒤
> **non ~ mai** 전혀 ~않다 동사를 사이에 두고

Guardo **sempre** la TV. 나는 항상 텔레비전을 본다.

Di solito mangio a casa. 보통 나는 집에서 밥을 먹는다.

Qualche volta gioco a scacchi. 가끔 체스를 둔다.

Faccio **raramente** shopping. 나는 거의 쇼핑을 하지 않는다.

Non bevo **mai** alcolici. 나는 술을 전혀 마시지 않는다.

> 참고
> fare shopping 쇼핑하다

Sta piovendo? 비가 오나요?

Sì, un po'. 네, 조금 내리고 있어요.

● 현재 진행형

현재 진행형은 '~하고 있는 중'이라는 표현으로, **stare** 동사와 제룬디오(gerundio)를 결합한 형태입니다. 제룬디오는 종속문에서 **stare** 동사와 결합 없이 단독으로도 쓰일 수 있으며 '~하면서'라는 뜻이 됩니다.

제룬디오 형태

-are → -ando		-ere → -endo		-ire → -endo	
mangiare 먹다	mangi**ando**	vedere 보다	ved**endo**	sentire 듣다, 느끼다	sent**endo**

Che cosa stai facendo? 뭐 하고 있어?

Sto studiando l'italiano. 저는 이탈리아어를 공부하는 중이에요.

Guardo la TV **mangiando**. 나는 밥을 먹으면서 텔레비전을 본다.

● 날씨 표현

날씨 표현할 때는 주로 **essere** 동사와 **fare** 동사를 사용하며 항상 3인칭 단수형만 씁니다. 단, '비/눈 오다' 표현은 자체 동사가 따로 있으며 진행형으로도 사용할 수 있습니다.

È (molto) sereno. (매우) 화창하다.	Fa (molto) caldo. (매우) 덥다.
umido. (매우) 습하다.	freddo. (매우) 춥다
nuvoloso. (매우) 흐리다.	bel tempo. 날씨가 좋다.
ventoso. (매우) 바람이 불다.	brutto tempo. 날씨가 나쁘다.

piovere 비가 오다	**Piove** (molto). 비가 (많이) 온다. Sta **piovendo** (molto). 비가 (많이) 오고 있다.
nevicare 눈이 오다	**Nevica** (molto). 눈이 (많이) 온다. Sta **nevicando** (molto). 눈이 (많이) 오고 있다.

A Che tempo fa oggi? 오늘 날씨가 어때요?

B **Fa freddo** e **nevica**. 춥고 눈이 와요.

C Non **piove**, ma è molto **nuvoloso**. 비가 오지는 않지만 매우 흐려요.

Che cosa fai nel tempo libero?

Di solito faccio sport.

Marco	Che cosa fai nel tempo libero?
Luca	Di solito faccio sport.
Marco	Che tipo di sport fai?
Luca	Gioco spesso a tennis con i miei genitori. E tu? Hai qualche passatempo?
Marco	Nel tempo libero leggo fumetti e spesso gioco ai videogiochi. Faccio raramente sport.
Luca	Giocare troppo ai videogiochi non fa bene alla salute.

마르코	여가 시간에 뭐 해?
루카	보통 운동을 해.
마르코	어떤 운동을 하니?
루카	부모님과 자주 테니스를 쳐. 너는? 취미가 있니?
마르코	나는 여가 시간에 만화책을 읽고 자주 컴퓨터 게임을 해. 나는 운동을 거의 하지 않아.
루카	지나치게 컴퓨터 게임을 하는 것은 건강에 좋지 않아.

대화 TIP

- **che tipo di**는 '어떤 종류의'라는 표현입니다.

  Che tipo di lavoro fai? 어떤 (종류의) 일을 하니?

  Che tipo di libri leggete? 너희들은 어떤 종류의 책을 읽니?

- **fare bene a**는 '~에 좋다', '~에 유익하다'는 뜻입니다. 반대로 **fare male a**는 '~에 나쁘다', '~에 해롭다'는 의미입니다. 주어로 동명사나 명사가 올 수 있습니다.

  Mangiare la verdura fa bene alla salute. 채소를 먹는 것은 건강에 좋다.

  Troppo sole non fa bene alla pelle. 지나친 햇빛은 피부에 좋지 않다.

새 단어 및 표현

tempo *m.* 시간, 날씨

libero/a 자유로운

tipo *m.* 종류

giocare (놀이나 스포츠를) 하다

passatempo *m.* 취미

leggere 읽다

videogioco *m.* 컴퓨터 게임, 비디오 게임

troppo 지나치게, 무척 많이

salute *f.* 건강

Che tempo fa a Milano oggi?

È molto sereno e non c'è vento.

Marta	Che tempo fa a Milano oggi?
Antonio	È molto sereno e non c'è vento.
Marta	Veramente?
Antonio	Sì, è un giorno perfetto per giocare a golf.
Marta	Beato te! Qui sta piovendo da ieri sera. Sto morendo di freddo!
Antonio	Invece io sto morendo di caldo. Il sole è molto forte.

마르타	오늘 밀라노 날씨 어때요?
안토니오	무척 화창하고 바람도 불지 않아요.
마르타	정말이에요?
안토니오	네, 골프 치기 딱 좋은 날이에요.
마르타	좋겠어요! 여기는 어제저녁부터 비가 내리고 있어요. 추워 죽겠어요!
안토니오	반면에 저는 더워 죽겠어요. 햇빛이 무척 강렬해요.

대화 TIP

- **beato te**는 부러움을 나타낼 때 쓰는 표현입니다. 부러움의 대상의 성·수에 따라 **beato**의 어미가 변화합니다.

  Beata te, Marta. 마르타 네가 부러워!
  Beati voi! 너희들은 좋겠다!

- **stare morendo di**는 '~해서 죽겠다'라는 표현입니다.

  Sto morendo di caldo. 더워 죽겠어.
  Sto morendo di sonno. 졸려 죽겠어.

새 단어 및 표현

Che tempo fa? 날씨 어때요?
non c'è vento 바람이 없다(불지 않는다)
perfetto/a 완벽한
per ~을/를 위한
beato/a 축복받은
forte 강한

취미

leggere

(책을) 읽다

cucinare

요리하다

ascoltare musica

음악을 듣다

suonare il pianoforte

피아노를 치다

suonare la chitarra

기타를 치다

disegnare, dipingere

그림을 그리다

guardare film

영화를 보다

fare fotografie

사진을 찍다

스포츠

스포츠 관련 동사

nuotare

수영하다

fare esercizi di yoga

요가를 하다

giocare a와 함께 쓰이는 스포츠·게임 관련 명사

carte

f. 카드 게임

scacchi

m. 체스

tennis

m. 테니스

calcio

m. 축구

golf

m. 골프

bowling

m. 볼링

날씨 관련 표현

Che tempo fa in inverno in Corea?

Fa molto freddo e qualche volta nevica.

A 한국은 겨울에 날씨가 어때요?
B 무척 춥고 가끔 눈이 와요.

Com'è la temperatura oggi?

Oggi ci sono 18 gradi.

A 오늘 기온은 몇 도예요?
B 오늘은 18도예요.

▶ temperatura *f.* 온도

Fa molto caldo qui dentro.

Accendo l'aria condizionata.

A 이 안은 무척 덥네요.
B 에어컨을 켤게요.

▶ accendere 켜다 ┃
  aria condizionata *f.* 에어컨

문법

1 알맞은 형태의 fare 동사를 넣어 문장을 완성하세요.

(1) Ragazzi, quando _____ la doccia?

(2) Laura _____ un viaggio ogni anno.

(3) Io non _____ mai shopping.

(4) Oggi _____ molto caldo.

(5) Simona e Roberto _____ sempre molte foto.

★ ogni 매, ~마다

2 그림을 보고 아래 어휘를 활용해 각 지역의 날씨에 대해 답하세요.

Roma	New York	Hongkong	Parigi	Mosca
☀	🌬	🌧	🌡	❄

piovere   bel tempo   nevicare   caldo   ventoso

(1) A Che tempo fa a Roma?

B _____

(2) A Che tempo fa a New York?

B _____

(3) A Che tempo fa a Hongkong?

B _____

(4) A Che tempo fa a Parigi?

B _____

(5) A Che tempo fa a Mosca?

B _____

● 녹음을 듣고 각 인물들이 하고 있는 행동을 찾아 연결하세요.

048

(1) Paolo •   • ⓐ

(2) Daniele •   • ⓑ

(3) Fabio •   • ⓒ

(4) Roberto •   • ⓓ

● 다음을 읽고 일치하면 V, 일치하지 않으면 F에 표시하세요.

Siamo Giorgio e Luisa. Non abbiamo molto tempo libero. Di solito la sera, dopo il lavoro, guardiamo un film in TV. La domenica usciamo e qualche volta facciamo una passeggiata nel parco.

Salve! Mi chiamo Anna. Studio molto e sono molto impegnata. Nel tempo libero ascolto musica e suono la chitarra. Durante il fine settimana esco con gli amici.

(1) Giorgio e Luisa hanno molto tempo libero.　　　　　　V　F

(2) La domenica Giorgio fa sempre una passeggiata nel parco.　V　F

(3) Anna suona uno strumento.　　　　　　　　　　　V　F

(4) Durante la settimana Anna esce con gli amici.　　　　V　F

(5) Di solito la sera, Luisa guarda un film in TV.　　　　V　F

★ strumento *m.* 악기 | impegnato/a 바쁜

하루의 피로를 덜어 주는 아페리티보

스프리츠

직장인들이 퇴근하는 이른 저녁 시간에 거리에 나가 보면 어느샌가 사람들이 삼삼오오 모여 가볍게 술 한잔을 기울이는 모습을 볼 수 있습니다. 본격적인 저녁 식사 전 도수가 낮은 칵테일이나 와인으로 식욕을 돋우며 그 날의 피로를 푸는 일상과도 같은 문화인데, 식전주의 개념으로 식사 전에 식욕을 돋우기 위해 마시는 술을 '아페리티보(aperitivo)'라고 합니다. 가장 인기 있는 아페리티보 음료로는 스프리츠(spritz)가 있습니다. 화이트 와인에 탄산수와 리큐어를 섞어 만든 일종의 칵테일로 주로 초록색 올리브를 곁들여 먹습니다.

아페리티보는 기원전 5세기 고대 그리스의 의사였던 히포크라테스가 식욕 부진으로 고생하는 환자들에게 임의로 처방전을 작성해 준 것에서 기원합니다. 일명 '히포크라테스 와인'이라 부르는 것으로 꽃박하와 쑥, 루카를 달콤한 화이트 와인에 담가 만든 것입니다. 아페리티보의 어원은 명확하지는 않지만 라틴어 aperitivus(열다)에서 왔다는 설이 지배적이며 '허기를 열어 주다, 자극하다'의 의미라고 합니다. 이탈리아의 아페리티보는 1786년 토리노에 있던 안토니오 베네데토 카르파노(Antonio Benedetto Carpano) 씨의 주류 판매점에서 탄생했습니다. 그는 30여 가지의 허브와 향신료를 넣어 만든 베르뭇(vermut)을 개발했고 이 특별한 음료는 전형적인 아페리티보 음료이자 토리노를 비롯한 피에몬테 주의 상징이 되었습니다. 그 후로, 피에몬테에서 생산되는 치즈나 살라미, 그리시니를 곁들여 가볍게 한잔하는 문화가 생기기 시작했고 1800년대 후반 이탈리아 각 도시로 퍼졌습니다.

베르뭇

아페리체나

아페리티보는 저녁 식사 전 6시부터 9시 사이에 간단하게 올리브나 감자 칩을 곁들여 먹는 것이었는데, 최근에는 각종 치즈나 파스타 샐러드, 조각 피자, 샌드위치, 부르스게타처럼 식사 거리가 될 수 있는 핑거 푸드가 뷔페식으로 차려진 곳에서 식사를 대신하는 아페리체나(apericena)의 형태가 많이 나타나고 있습니다.

Posso entrare?

동영상 강의

- 조동사
- 전치사와 함께 쓰는 동사들
- 직접 목적 대명사
- conoscere 동사와 sapere 동사 비교

Posso entrare?
들어가도 될까요?

Avanti!
들어오세요!

● 조동사

이탈리아어에서 조동사는 다음의 세 가지가 있으며 조동사 뒤에는 항상 본동사의 동사 원형이 옵니다. 부정문에서 부정어 **non**의 위치는 조동사 앞입니다. **volere**는 바람이나 권유, **potere**는 허락이나 가능, **dovere**는 의무나 금지의 의미를 나타내며, 모두 불규칙 어미 변화합니다.

	volere ~ 원하다	potere ~할 수 있다	dovere ~해야 한다
io	**voglio**	**posso**	**devo**
tu	**vuoi**	**puoi**	**devi**
lui/lei/Lei	**vuole**	**può**	**deve**
noi	**vogliamo**	**possiamo**	**dobbiamo**
voi	**volete**	**potete**	**dovete**
loro	**vogliono**	**possono**	**devono**

바람 **Voglio** imparare l'italiano. 이탈리아어를 배우고 싶어요.

권유 **Volete** un gelato? 너희들 아이스크림 먹을래?

허락 **Posso** aprire la finestra? 창문을 열어도 될까요?

의무 **Dobbiamo** tornare a casa. 우리는 집에 가야 돼요.

> 참고
> volere 동사 뒤에는 동사 원형 외에도 명사가 바로 올 수 있습니다.

● 전치사와 함께 쓰는 동사들

전치사 a 혹은 di를 동반해서 동사 원형을 취하는 동사들이 있습니다.

provare a ~하는 것을 시도하다	Maria **prova a** telefonare di nuovo. 마리아는 다시 전화를 시도한다.
continuare a ~하는 것을 계속하다	**Continuo a** leggere il giornale. 나는 계속해서 신문을 읽는다.
imparare a ~하는 것을 배우다	Maria vuole **imparare a** ballare. 마리아는 춤추는 것을 배우고 싶어 한다.
cominciare a ~하기 시작하다	Gli studenti **cominciano a** capire l'inglese. 학생들은 영어를 이해하기 시작한다.
decidere di ~하기로 결심하다	Stefano **decide di** tornare in Svizzera. 스테파노는 스위스로 돌아가기로 결심한다.
finire di ~하는 것을 끝내다	**Finisco di** lavorare alle 5. 나는 5시에 일하는 것을 끝낸다.
cercare di ~하도록 애쓰다	**Cerchiamo di** fare attenzione. 우리는 조심하려고 애쓴다.

Conosci Marta?
마르타 알아?

Sì, la conosco molto bene.
응, 그녀를 무척 잘 알아.

● 직접 목적 대명사

직접 목적 대명사는 '~을/를'을 의미하며 형태는 문장 내 위치에 따라 약형과 강조형이 있습니다. 약형은 동사 앞에, 강조형은 동사 뒤에 위치합니다. 보통 약형이 많이 쓰입니다. 약형의 3인칭 형태인 lo, la, li, le의 경우 사람과 사물에 모두 쓰입니다.

	약형	강조형	의미
io	mi	me	나를
tu	ti	te	너를
lui/lei/Lei	lo/la/La	lui/lei/Lei	그를/그녀를/당신을/그것을
noi	ci	noi	우리를
voi	vi	voi	너희를
loro	li/le	loro	그들을/그녀들을/그것들을

A Conosci Mario? 너 마리오 알아?

B Sì, **lo** conosco. 응, 난 그를 알아.

> **참고**
> 강조형은 말 그대로 직접·간접 목적 대명사를 강조하고자 할 때 사용하며 사람에게만 쓰이는 것이 원칙입니다.

● conoscere 동사와 sapere 동사 비교

두 동사 모두 '알다'의 의미를 나타내지만 conoscere 동사는 '지식으로 아는 것', sapere 동사는 '경험으로 아는 것'에 쓰입니다. 두 동사의 쓰임은 구조를 통해 이해하는 것이 더욱 정확합니다. conoscere 동사 뒤에는 주로 사람이나 장소 등의 명사가 오고 sapere 동사 뒤에는 보통 come, che, dove, quando 등의 절을 이끄는 의문사가 옵니다.

conoscere + **명사(사람/장소/언어)**

Conosci il nuovo professore? 새로 오신 교수님 알아?

Conosco bene questo ristorante. 난 이 레스토랑을 잘 알아.

Loro **conoscono** molte lingue. 그들은 많은 언어를 (할 줄) 안다.

sapere + **의문사** + **절**

Sai chi è il nuovo professore? 새로 오신 교수님이 누군지 아니?

Sapete dov'è la biblioteca? 도서관이 어디인지 아니?

Non funziona il wi-fi.

Può provare un'altra volta a mettere la password?

Antonio	Salve, qui è la camera 501.
Receptionist	Buonasera, Signor Conte.
Antonio	Ho un problema. Non funziona il wi-fi. Devo inviare una mail importante.
Receptionist	Può provare un'altra volta a mettere la password?
Antonio	Ah, devo mettere una password?
Receptionist	Certo! È "HotelColosseo".
Antonio	Ah, ok... ma c'è un'altra cosa, non funziona l'aria condizionata. Voglio cambiare camera!

안토니오	안녕하세요, 여기는 501호실이에요.
리셉션	안녕하세요, 콘테 씨.
안토니오	문제가 있어요. 와이파이가 작동하지 않아요. 저는 중요한 메일을 보내야 해요.
리셉션	패스워드를 한 번 더 입력해 보시겠어요?
안토니오	아, 패스워드를 입력해야 하나요?
리셉션	물론이죠! 'HotelColosseo'예요.
안토니오	아, 알겠어요…. 그런데 다른 게 또 있어요. 에어컨이 작동하지 않아요. 방을 바꾸고 싶어요!

새 단어 및 표현

camera *f.* 방
funzionare 작동하다
inviare 보내다
importante 중요한
Può provare a ~?
～을/를 시도해 보시겠어요?
un'altra volta 한 번 더
mettere 놓다, 넣다
cambiare 바꾸다

대화 **TIP**

- **Signor Conte**와 같이 '〜 씨/님'을 뜻하는 남성형 경칭은 **Signore**에서 마지막 모음 **e**를 삭제한 뒤 성을 붙인 '**Signor** + 성' 혹은 약자로 '**Sig.** + 성'으로 표현합니다.

- '문제'라는 뜻의 **problema**는 어미가 **-a**로 끝나지만 남성 단수 명사입니다. 복수형은 **problemi**입니다.

Dialogo 2

050

Conosci il suo nuovo
indirizzo di casa?

Non lo conosco.

Sofia	Devo portare questo pacco alla posta. Mi puoi aiutare a metterlo nella mia auto?
Luca	Sì, ti do una mano. Ma dove lo spedisci?
Sofia	Alla zia Antonella. Conosci il suo nuovo indirizzo di casa?
Luca	Non lo conosco, ma posso chiederle se vuoi.
Sofia	A proposito, sai perché la tv nel soggiorno non funziona?
Luca	Um... non lo so. Ora chiamo il tecnico.

소피아	이 소포를 우체국에 가져가야 해. 그것을 내 차로 옮기는 것 좀 도와줄 수 있어?
루카	응, 도와줄게. 그런데 그것을 어디로 보내는 거야?
소피아	안토넬라 이모에게. 그녀의 새로운 집 주소를 아니?
루카	몰라. 원한다면 그녀에게 그것을 물어봐 줄게.
소피아	그건 그렇고, 거실의 TV가 작동을 안 하는데 왜 그런지 알아?
루카	음, 모르겠는데. 지금 수리 기사를 부를게.

대화 TIP

· **dare una mano**는 **aiutare**와 같은 뜻으로 '~을/를 돕다'라는 표현입니다.
  Se vuoi, ti do una mano. 네가 원한다면 내가 너를 도와줄게.

· **a proposito**는 대화 중에 갑자기 생각나거나 연관된 주제를 꺼낼 때 '그건 그렇고'라는 의미로 자주 사용하는 표현입니다.
  A proposito, che mi dici di Giovanna? 그건 그렇고, 조반나에 대해 어떻게 생각해?

새 단어 및 표현

portare 가져가다
pacco *m.* 소포
aiutare 도와주다
spedire 보내다
indirizzo *m.* 주소
chiamare 전화하다, 부르다
tecnico *m.* 기술자, 수리공

-ere 동사

scrivere
쓰다

prendere
먹다, 타다, 취하다

bere
마시다

vendere
팔다

ricevere
받다

scendere
내려가다

chiudere
닫다

chiedere
묻다

-ire 동사

aprire
열다

partire
출발하다, 떠나다

dormire
잠자다

offrire
제공하다

salire
올라가다

preferire
선호하다

capire
이해하다

finire
끝내다

제안 승낙, 거절 표현

승낙

Ti va di prendere
un caffè?

Certo.

A 나랑 커피 한잔할래?
B 물론이지.

B의 기타 표현

Volentieri. 기꺼이.
Con piacere. 좋아.
Buona idea! 좋은 생각이야!
Certo che mi va. 당연히 좋지.

거절

Hai voglia di vedere un
film stasera?

Mi dispiace, ma ho
un altro impegno.

A 오늘 저녁에 영화 볼래?
B 미안하지만, 다른 일이 있어.

B의 기타 표현

Non ne ho molta voglia.
별로 그러고 싶지 않아.

Veramente non mi va.
정말 내키지 않아.

Scusa, ma non posso.
미안하지만, 그럴 수 없어.

Purtroppo non posso.
안타깝게도 그럴 수 없어.

문법

1 주어진 조동사를 알맞은 형태로 넣어 문장을 완성하세요.

(1) Roberto non _____ (volere) uscire questa sera.

(2) Mamma, io _____ (potere) restare a casa oggi? Non mi sento bene.

(3) Domani Luigi e Mario hanno un esame, oggi _____ (dovere) studiare tutto il giorno.

(4) Io _____ (volere) cambiare lavoro, ma non è facile.

(5) Scusate, _____ (potere) fare un po' di silenzio, per favore?

★ tutto il giorno 하루 종일 ┊ silenzio *m.* 정적, 정숙

2 알맞은 직접 목적 대명사를 넣어 문장을 완성하세요.

(1) A Mangi volentieri il gelato?

B Sì, _____ mangio.

(2) A Guardi con me la partita?

B Sì, _____ guardo volentieri.

(3) Franco, io e Rita abbiamo bisogno di te. Quando _____ aiuti con il trasloco?

(4) A Dove sono i miei biglietti?

B Non _____ trovo.

★ partita *f.* 경기, 시합 ┊ trasloco *m.* 이전, 이사

3 conoscere와 sapere 동사 중 알맞은 것을 골라 형태를 바꿔 문장을 완성하세요.

(1) Tu _____ il fratello di Giorgio?

(2) Io _____ dove abita Giorgia.

(3) Tu _____ perché Luigi non mi chiama?

(4) Voi _____ bene il francese.

(5) Mia madre vuole _____ se io ho un ragazzo.

듣기 ● 녹음을 듣고 질문에 답하세요.

(1) 고객이 문제 제기한 것이 <u>아닌</u> 것을 고르세요.

　① il bagno　　　　　　② il wi-fi

　③ l'aria condizionata　　④ la finestra

(2) 고객이 최종적으로 원하는 것이 무엇인지 고르세요.

　① chiamare il tecnico.　　② pulire il bagno.

　③ cambiare il letto.　　　④ cambiare camera.

★ disastro *m.* 엉망진창

읽기 ● 다음 대화를 읽고 질문에 답하세요.

A　① <u>Conosci</u> Angela?

B　Sì, ⓐ ＿＿＿＿＿＿＿ conosco bene. È la mia coinquilina.

A　Mi puoi dare il suo numero di telefono? Voglio invitar ⓑ ＿＿＿＿＿＿＿ a cena stasera.

B　② <u>Conosci</u> cucinare?

A　Sì, abbastanza. Ma ③ <u>sai</u> se Angela è vegetariana?

B　No, non lo ④ <u>so</u>. Le chiedo se mangia la carne.

(1) ① ～ ④ 중에 sapere와 conoscere 동사가 잘못 쓰인 것을 찾아 바르게 고치세요.

　(　　　　　　) → (　　　　　　)

(2) 빈칸 ⓐ와 ⓑ에 공통적으로 들어갈 직접 목적 대명사를 쓰세요.

　→ ＿＿＿＿＿＿＿＿＿＿＿＿＿＿＿＿＿＿＿＿＿＿＿

(3) 위 대화의 내용과 일치하는 것을 모두 고르세요.

　① 안젤라는 채식주의자이다.

　② A는 안젤라를 저녁 식사에 초대하고 싶어 한다.

　③ B는 안젤라의 전화번호를 알고 있다.

　④ A는 요리를 잘 못한다.

★ coinquilino/a 룸메이트 ｜ vegetariano/a 채식주의자

르네상스의 발원지, 이탈리아

르네상스는 13세기 후반 이탈리아에서 시작하여 약 2세기 동안 지속된 문화 운동으로 근대 유럽 문화의 태동이 되었습니다. 르네상스는 이탈리아어로 Rinascimento라고 하며 재생과 부활을 의미합니다. 어원은 조르조 바사리가 미켈란젤로의 작품을 해석하는 과정에서 'rinascita(부활)'라는 용어를 사용한 것에서 유래되었습니다. 그 후 프랑스의 역사가 쥘미슐레가 이를 프랑스어로 번역하여 사용함으로써 보편적인 용어가 되었습니다. 르네상스는 고대 그리스·로마 문화를 이상으로 하여 학문이나 예술을 부흥시켜 새로운 문화를 창출해 내고자 했습니다. 르네상스의 근본 정신은 인본주의입니다. 신 중심이 아닌 인간을 중심으로 한 고대의 세계관, 즉 휴머니즘을 발견하여 인간의 가치를 주된 관심사로 삼았습니다. 이탈리아는 고대 로마 제국의 중심으로 고전 고대의 전통이 가장 잘 남아 있던 나라였을 뿐만 아니라, 10세기부터 상공업을 기반으로 부를 축적한 자치 도시들의 성장으로 학문과 예술에 투자할 수 있는 경제력까지 더해져 르네상스의 발원지가 되기에 충분했습니다.

초기 르네상스는 찬란하게 번영했던 피렌체를 중심으로 미술을 발전시켰습니다. 보티첼리, 브루넬레스키, 도나텔로 등의 화가들이 르네상스 초기 미술을 선도했다면 르네상스 미술의 절정기를 이끈 인물들은 르네상스 3대 거장이라 불리는 미켈란젤로, 레오나르도 다 빈치, 라파엘로입니다. 미켈란젤로는 피렌체파의 화풍을 이어받아 르네상스 미술을 크게 부흥시켰으며, 르네상스 직후에 나타나는 바로크 양식에도 영향을 주었습니다. 대표작으로는 '피에타'와 '천지창조', '최후의 심판'이 있습니다. 피렌체 출신의 과학자이자 철학자, 예술가인 레오나르도 다 빈치는 그림, 건축, 의학, 과학 등 다방면에 재능을 보였으며, 르네상스 회화의 최고의 발명품이라 불리는 특유의 스푸마토(sfumato) 기법으로 유명한 '모나리자'를 탄생시켰습니다. 또 다른 걸작인 '최후의 만찬'은 원근법과 좌우 대칭 구도로 기하학적인 미를 드러내고 있습니다. 라파엘로는 인간미의 이상을 추구하며 르네상스의 고전적 예술을 완성한 인물로 대표 작품으로는 '요정 갈라테아', '솔로몬의 심판', '아테네 학당'이 있습니다.

레오나르도 다 빈치

라파엘로

미켈란젤로

아테네 학당

피에타

Mi piace il gelato.

동영상 강의

- 간접 목적 대명사
- piacere 동사
- 이중 목적 대명사
- potere, sapere, riuscire 동사

Le piace il caffè?
당신은 커피를 좋아하세요?

Sì, mi piace molto.
네, 무척 좋아해요.

● 간접 목적 대명사

간접 목적 대명사는 '~에게'를 의미하며 동사 앞에 두는 약형과 동사 뒤에 두는 강조형이 있습니다. 보통 약형이 많이 쓰입니다.

	약형	강조형	의미
io	mi	a me	나에게
tu	ti	a te	너에게
lui/lei/Lei	gli/le/Le	a lui/a lei/a Lei	그에게/그녀에게/당신에게
noi	ci	a noi	우리에게
voi	vi	a voi	너희에게
loro	gli	a loro	그들에게

A Telefoni a tuo padre ogni giorno? 너희 아빠에게 매일 전화하니?

B No, non **gli** telefono quasi mai. 아니, 그에게 거의 전화 안 해.

A Telefoni ai tuoi genitori ogni giorno? 너희 부모님에게 매일 전화하니?

B Sì, **gli** telefono ogni giorno. 응, 그들에게 매일 전화해.

● piacere 동사

piacere 동사는 인칭에 따라 불규칙 변화를 하며 '~을/를 좋아하다'라는 표현을 할 때 사용됩니다. 그러나 piacere는 간접 목적어를 취하는 동사로 엄밀히 따지면 '~에게 ~이/가 마음에 들다'라는 뜻이며, 행위의 주체가 아닌 좋아하는 대상이 주어가 됩니다. 동사는 그 대상에 수 일치를 시킵니다.

	간접 목적어	동사	주어	
piace + 단수 명사	A Mario	piace	il gelato.	마리오는 아이스크림을 좋아한다.
piacciono + 복수 명사	A lui	piacciono	i cioccolatini.	그는 초콜릿을 좋아한다.
piace + 동사 원형	Gli	piace	leggere.	그는 책 읽는 것을 좋아한다.

주의

부정문의 경우, 간접 목적 대명사의 강조형과 약형을 사용할 때 부정어 non의 위치가 달라집니다.

Non mi piace il mare. (= A me non piace il mare.) 나는 바다를 좋아하지 않는다.

Mi presenti Marco?
내게 마르코를 소개해 줄래?

Sì, te lo presento.
응, 네게 그를 소개해 줄게.

● 이중 목적 대명사

이중 목적 대명사는 직접 목적 대명사와 간접 목적 대명사가 한 문장에 같이 나오는 경우를 말합니다. '그것을'을 뜻하는 직접 목적 대명사 lo, la, li, le와 간접 목적 대명사가 함께 쓰일 경우, '간접 목적 대명사 + 직접 목적 대명사' 순으로 결합하며, 위치는 동사 앞입니다.

간접＼직접	lo	la	li	le
mi	me lo	me la	me li	me le
ti	te lo	te la	te li	te le
gli/le/Le	glielo	gliela	glieli	gliele
ci	ce lo	ce la	ce li	ce le
vi	ve lo	ve la	ve li	ve le
gli	glielo	gliela	glieli	gliele

Maria presta la macchina a me. 마리아가 내게 차를 빌려준다.

→ Maria **me la** presta. 마리아가 내게 그것을 빌려준다.

> **참고**
> 3인칭 단수와 복수의 경우 간접 목적 대명사와 직접 목적 대명사 사이에 연결사 **e**를 넣어서 띄어 쓰지 않고 한 단어로 표기합니다.

● potere, sapere, riuscire 동사

'~할 수 있다'를 뜻하는 동사로는 potere 외에 sapere와 riuscire가 있습니다. 하지만 세 동사 간에 미묘한 차이가 있습니다. potere가 외부 상황에 따른 '가능'의 의미라면, 본래 '알다'라는 뜻의 sapere는 학습이나 경험 등에 의해 '~할 줄 안다'는 의미이고 riuscire는 사람의 정신적, 신체적 능력이나 상태를 통해 '~해 내다'는 의미입니다.

potere + 동사 원형 ~할 수 있다 (가능)	Non **posso** guidare perché ho solo 10 anni. 나는 열 살밖에 되지 않아서 운전을 할 수 없어요.
sapere + 동사 원형 ~할 줄 알다 (학습, 경험 등을 통해 습득)	**So** guidare. 나는 운전을 할 줄 알아요.
riuscire + a + 동사 원형 ~해 내다 (정신적, 신체적 능력에 의해)	Non **riesco** a guidare perché sono troppo stanco. 나는 너무 피곤해서 운전을 할 수 없어요.

> Sai se a Sofia piace il polpettone?

> Non le piace.

Mina	Sai se a Sofia piace il polpettone?
Luca	Non le piace e poi non mangia carne, perché è vegetariana.
Mina	Ah, allora, cosa mi consigli di preparare per cena?
Luca	Puoi cucinare un piatto a base di verdure.
Mina	Uhm, ho degli asparagi. Li condisco con il burro.
Luca	Secondo me Sofia non mangia nemmeno il burro. Per essere sicuro le telefono e glielo chiedo.

민아 소피아가 폴페토네를 좋아하는지 아니?

루카 그녀는 그것을 좋아하지 않고, 채식주의자여서 고기를 먹지 않아.

민아 아, 그러면 저녁 식사로 뭘 준비해야 할지 나에게 조언해 줄래?

루카 채소로 된 음식을 요리하면 돼.

민아 음, 아스파라거스가 조금 있어. 그걸 버터로 양념 해야겠어.

루카 내 생각에 소피아는 버터도 먹지 않는 것 같아. 확실히 하기 위해 그녀에게 전화해서 물어볼게.

새 단어 및 표현

polpettone *m.* 폴페토네(다진 고기를 식빵 모양으로 구운 요리)

preparare 준비하다

cena *f.* 저녁 식사

cucinare 요리하다

piatto *m.* 요리, 접시

a base di ~을/를 기본으로 한

condire 양념하다

secondo me 내 생각에

non ~ nemmeno ~조차도 아니다

per essere sicuro 확실히 하기 위해

chiedere 묻다, 요청하다

대화

sapere se에서 se는 원래 '만약'이라는 뜻으로 가정문에서 쓰이지만 sapere 동사와 함께 쓰면 '~인지 아닌지 알다'라는 표현이 됩니다.

Voglio sapere se funziona il computer. 컴퓨터가 작동하는지 알고 싶어요.
Sai se Maria viene alla festa? 마리아가 파티에 오는지 아니?

Non riesco ad avviarla.

Deve premere il tasto "Avvio".

Antonio	Pronto?
Mina	Sono Mina. Posso parlare con la signora Ferrari, per favore?
Antonio	Lei è molto impegnata al momento.
Mina	Ho bisogno di chiederle alcune informazioni.
Antonio	Chieda a me.
Mina	Ah... va bene. Per caso sa usare la lavatrice? Non riesco ad avviarla.
Antonio	Deve premere il tasto "Avvio".
Mina	Ah, finalmente comincia a funzionare.

안토니오	여보세요?
민아	저는 민아예요. 페라리 아주머니와 통화할 수 있을까요?
안토니오	그녀는 지금 무척 바빠요.
민아	그녀에게 몇 가지 정보를 물어봐야 해요.
안토니오	내게 물어보세요.
민아	아… 알겠어요. 혹시 세탁기를 사용할 줄 아세요? 저는 그것을 작동시키지 못하겠어요.
안토니오	'시작' 버튼을 눌러야 해요.
민아	아, 드디어 작동하기 시작하네요.

새 단어 및 표현

Pronto? 여보세요?
impegnato/a 바쁜
momento m. 순간
avere bisogno di + 동사 원형
~할 필요가 있다
informazione f. 정보
per caso 혹시
avviare 시작하다, (작동을) 시작하게 하다
premere 누르다
tasto m. 누름 단추, 버튼
avvio m. 시작
finalmente 마침내, 드디어

대화 TIP

직접 목적 대명사 또는 간접 목적 대명사와 조동사가 한 문장에 나올 경우, 직접/간접 목적 대명사를 조동사 앞에 두거나 본동사의 마지막 모음 **e**를 제거하고 그 자리에 놓습니다.

Puoi aiutar**mi** = **Mi** puoi aiutare? 나를 도와줄래?

A Posso guardare la tv? TV를 봐도 될까요?

B Sì, **la** può guardare. (= Sì, può guardar**la**.) 네, 그것을 봐도 돼요.

과일

mela

m. 사과

uva

f. 포도

ananas

m. 파인애플

fragola

f. 딸기

arancia

f. 오렌지

limone

m. 레몬

ciliegia

f. 체리

anguria

f. 수박

fico

m. 무화과

albicocca

f. 살구

pesca

f. 복숭아

pera

f. 배

채소

carota

f. 당근

pomodoro

m. 토마토

melanzana

f. 가지

peperone

m. 고추

cipolla

f. 양파

aglio

m. 마늘

zucchina

f. 애호박

patata

f. 감자

zucca

f. 호박

cetriolo

m. 오이

cavolfiore

m. 꽃양배추

broccolo

m. 브로콜리

lattuga

f. 양상추

spinaci

m. 시금치

pisello

m. 완두콩

sedano

m. 셀러리

전화 통화 표현

Pronto! Chi parla?

A 여보세요!
B 누구세요?

B의 기타 표현
Con chi parlo? 누구세요?

Posso parlare con
Matteo, per favore? Glielo passo.

A 마테오와 통화할 수 있을까요?
B (당신에게 그를) 바꿔 드릴게요.

B의 기타 표현
Non c'è in questo momento.
지금 없어요.

Mi dispiace, deve avere il
numero sbagliato.
죄송하지만, 전화 잘못 거셨어요.

▶ passare 보내다, 넘겨주다 |
sbagliato/a 틀린, 실수한

Vuole lasciare
un messaggio? Può dirgli di
chiamarmi?

A 전할 말씀이 있으세요?
B 제게 전화해 달라고 그에게 전해 주
   시겠어요?

참고
광고 전화를 거절할 때
Mi spiace, non sono interessato.
죄송하지만 관심 없어요.

Mi spiace, al momento sono
occupato.
죄송하지만 제가 지금 바빠요.

문법

1 알맞은 간접 목적 대명사를 넣어 문장을 완성하세요.

(1) Per il compleanno di mio marito, _____ voglio regalare un buon libro.

(2) Maria, _____ piacciono gli spaghetti alla carbonara?

(3) Signorina, _____ posso offrire qualcosa da bere?

(4) Marco, _____ dai un bicchiere d'acqua? Ho sete.

(5) Ragazzi, _____ posso fare una domanda?

2 보기 와 같이 알맞은 이중 목적 대명사를 넣어 대화를 완성하세요.

보기

A Scrivi una mail a Lucia?

B Sì, _gliela_ scrivo.

(1) A Mamma, mi fai il caffè?

B Sì, _____ faccio.

(2) A Ci spieghi la grammatica?

B Sì, _____ spiego volentieri.

(3) A Mi puoi prestare la macchina fotografica?

B Sì, _____ presto.

(4) A Mandi tu un messaggio a Luigi?

B Sì, _____ mando.

3 potere, sapere, riuscire 동사 중 알맞은 것을 골라 형태를 바꿔 문장을 완성하세요.

(1) Tu _____ venire a giocare a carte con noi stasera?

(2) Ragazzi, _____ parlare fluentemente l'inglese, complimenti!

(3) Io non _____ a capire, parla troppo velocemente.

(4) Non _____ uscire stasera perché dobbiamo preparare l'esame.

(5) Marta _____ suonare il pianoforte molto bene.

녹음을 듣고 질문에 답하세요.

(1) 두 사람이 무엇에 대해 이야기 하고 있는지 고르세요.

① 사라의 생일 선물　　　　　② 알베르토의 생일

③ 마리아의 생일 선물　　　　④ 마리아의 생일 파티

(2) 사라와 알베르토의 선물이 바르게 짝지어진 것을 고르세요.

① 꽃다발 – 책　　　　　　② 책 – 꽃다발

③ 책 – 편지　　　　　　　④ 편지 – 책

★ mazzo di fiori 꽃다발

읽기 ● 다음 글을 읽고 질문에 우리말로 답하세요.

Salve, mi chiamo Sonia. Io sono una ragazza attiva.
Mi piace fare sport. Il fine settimana gioco a bowling
con gli amici. So giocare a bowling molto bene.
Mi piace anche fare yoga. Ogni mattina pratico yoga
con le mie sorelline, perché lo yoga fa bene alla
salute. Non mi piace stare tutto il giorno in casa.

(1) La domenica che cosa fa Sonia?

→ _____

(2) Perché Sonia pratica lo yoga?

→ _____

(3) Che cosa non le piace?

→ _____

오페라의 본고장 이탈리아

스칼라 극장

'오페라'라는 새로운 예술 형태는 이탈리아 르네상스의 결실 중 하나로 16세기에 등장했습니다. 피렌체 예술가들의 주도하에 탄생한 오페라는 베네치아와 나폴리를 비롯한 이탈리아 전 지역으로 보급되었으며 이것이 바로 오늘날 오페라의 기원이 되었습니다. 오페라의 효시라 할 수 있는 작품은 1598년 피렌체에서 공연된 음악극 '다프네(Dafne)'입니다.

이탈리아 오페라의 전성기라 할 수 있는 19세기 오페라계를 이끈 거장들은 우리에게도 너무나 친숙한 작곡가들입니다. '아름다운 노래'라는 뜻의 이탈리아의 전통 창법 벨 칸토(bel canto)를 대표하는 작곡가 조아키노 로시니(Gioacchino Antonio Rossini), 빈첸초 벨리니 (Vincenzo Bellini), 가에타노 도니제티(Gaetano Donizetti)를 비롯하여 진실주의적인 극을 완성한 주세페 베르디 (Giuseppe Verdi), '투란도트'로 유명한 자코모 푸치니(Giacomo Puccini) 등이 있습니다.

세계 최초의 오페라 극장은 1637년에 문을 연 베네치아의 산 카시아노 극장(Teatro San Cassiano)이며 현재 이탈리아에서 가장 활발하게 오페라 공연이 펼쳐지는 곳으로는 밀라노의 스칼라 극장(Teatro alla Scala)과 베로나의 오페라 극장인 아레나 디 베로나(Arena di Verona)가 있습니다. 특히, 아레나에서는 매년 6월~9월에 세계적인 오페라 축제가 열립니다. 축제 기간 동안 50회 이상의 공연이 펼쳐지며 공연 시간은 달빛이 은은하게 비치는 밤 9시경입니다. 1세기에 지어진 고대 로마의 원형 극장인 아레나는 3만 명의 인원을 수용할 수 있는 규모로 지어졌습니다. 하지만 안전상의 이유로 매 공연 시 1만 5천명까지만 입장만 허용하고 있습니다. 아레나에서 공연된 최초의 20세기 오페라 작품은 주세페 베르디의 '아이다(Aida)'였습니다. 그 후로 19~20세기 오페라 거장들의 작품들이 다수 공연되었으며 대중 가수의 콘서트 장으로도 활용되고 있습니다. 이렇듯 검투사들의 경기가 벌어졌던 고대 원형 경기장은 2천년의 세월이 흐른 뒤에도 여전히 역사의 일부이자 이탈리아인들의 삶의 일부로 자리하고 있습니다.

Ti va di venire al cinema?

동영상 강의

- andare, venire 동사
- 교통수단 묻고 답하기
- 소요 시간 묻기

주요 구문 & 문법 Frasi principali & Grammatica

Dove vai?
어디 가니?

Vado al supermercato.
슈퍼에 가.

● andare, venire 동사

	andare 가다	venire 오다
io	**vado**	**vengo**
tu	**vai**	**vieni**
lui/lei/Lei	**va**	**viene**
noi	**andiamo**	**veniamo**
voi	**andate**	**venite**
loro	**vanno**	**vengono**

andare 동사

방향을 나타내는 전치사 **a**, **in**과 함께 쓰여 목적지와 목적을 나타냅니다.

목적지	andare + a/in + 장소 ~에 가다	A Dove **vai/va**? 어디 가니/가세요? B **Vado** a casa. 나는 집에 가요.
목적	andare + a + 동사 원형 ~하러 가다	A Dove **vai/va**? 어디 가니/가세요? B **Andiamo** a cenare. 우리는 저녁 식사 하러 가요.

venire 동사

이탈리아어의 '가다/오다' 표현은 우리말과 약간의 차이가 있습니다. venire 동사는 '오다'라는 뜻이지만 대화 상대가 있는 곳으로 간다거나 상대와 함께(con + 대화 상대) 간다고 할 때 andare가 아닌 venire를 사용합니다.

Vengo da te. 너희 집에 갈게.　　　　　**Vieni** con noi al mare? 우리와 함께 바다 갈래?

함께 쓰는 전치사

목적지를 나타낼 경우 보통 나라명 앞에는 in, 도시명 앞에는 a를 쓰지만, 그 외에는 장소 명사별로 취하는 전치사가 다릅니다. 부록 p.229 참조

Andiamo <u>in</u> inghilterra a vedere una partita del Tottenham. 우리는 토트넘 경기를 보러 영국에 간다.

Vengo volentieri <u>al</u> ristorante con te! 기꺼이 너와 함께 레스토랑에 갈게!

전치사 **da** 다음에 인명이나 인칭 대명사, 직업명이 오게 되면 그 사람의 집이나 일하는 곳을 의미합니다.

Vado <u>da</u> Luigi. 나는 루이지의 집에 간다.　　　　**Vado** <u>dal</u> dentista. 나는 치과에 간다.

Come torni a casa?
집에 어떻게 돌아가니?

Torno con l'autobus.
버스 타고 돌아가.

● 교통수단 묻고 답하기

'(교통수단) ~을/를 타고'는 다음과 같이 andare 동사와 전치사 con/in을 결합한 형태, 또는 prendere 동사와 교통수단을 나타내는 명사를 결합한 형태를 사용하여 나타냅니다.

> andare + **con** + 정관사 + 교통수단
>
> **in** + 교통수단   ~을/를 타고 가다

A **Come andate a scuola?** 너희는 학교에 어떻게 가니?
B **Andiamo** in autobus/con l'autobus. 우리는 버스를 타고 가.

> **prendere** + 정관사 + 교통수단   ~을/를 타다

A **Come andate a scuola?** 너희는 학교에 어떻게 가니?
B **Prendiamo** la metropolitana. 우리는 지하철을 타.

● 소요 시간 묻기

의문사 quanto와 '~을/를 필요로 하다'라는 뜻의 동사 volerci를 이용해 소요 시간을 물을 수 있습니다. 교통수단 소요 시간뿐만 아니라 일반적으로 어떠한 행위를 하는 데 시간이 얼마나 걸리는지 묻는 데 사용합니다.

> **Quanto tempo ci vuole** + **in/con** + 교통수단 ~으로 시간이 얼마나 걸리나요?
>
> **per** + 동사 원형(행위) ~하는 데 시간이 얼마나 걸리나요?

A **Quanto tempo ci vuole** in treno? 기차로 얼마나 걸리나요?
B **Ci vuole** 1 ora. 한 시간 걸려요.

A **Quanto tempo ci vuole** per preparare la cena? 저녁 식사를 준비하는 데 얼마나 걸려요?
B **Ci vogliono** almeno 2 ore. 적어도 2시간 걸려요.

> 참고
>
> volerci 동사는 3인칭 형태로만 쓰입니다. 소요 시간이 단수일 경우는 ci vuole, 복수일 경우는 ci vogliono로 변형하며 접어 ci는 형태 불변이며 항상 동사 앞에 위치합니다.

Luca	Che fai questo pomeriggio? Ti va di venire alla partita di calcio con me?
Mina	Mi dispiace, ma devo andare dal dentista.
Luca	Va bene, alla prossima allora.
Mina	Perché invece non andiamo al cinema questo fine settimana? Ho due biglietti gratis!
Luca	Buona idea! C'è qualcosa di bello da vedere?
Mina	Non lo so, ora guardo su internet.

루카   오늘 오후에 뭐 해? 나랑 축구 경기 보러 갈래?

민아   미안하지만 치과에 가야 해.

루카   알겠어, 그러면 다음에 가자.

민아   대신 이번 주말에 영화 보러 가는 건 어때? 나 공짜표 두 장 있어!

루카   좋은 생각이야! 볼 만한 영화 있어?

민아   몰라, 지금 인터넷에서 확인해 볼게.

새 단어 및 표현

partita *f.* 경기

calcio *m.* 축구

dentista *m.f.* 치과 의사

Perché non + (주어) + 동사?
~하는 것이 어때?

invece 반면에, 대신

biglietto *m.* 표

gratis 무료의

Buona idea! 좋은 생각이야!

대화 TIP

Ti va di ~?는 '~하는 게 어때?', '~ 할래?'라는 제안하는 표현입니다. **di** 다음에는 동사 원형이 옵니다. 직역하면 '~하는 게 너에게 괜찮아?'입니다.

A   Ti va di prendere un caffè? 커피 한잔할래?

B   Sì, volentieri. 응, 좋아.

Quanto tempo ci vuole
con l'autobus?

Ci vogliono circa
dieci minuti.

Mina	Scusi, che autobus devo prendere per andare in piazza dei Miracoli?
Passante	Può prendere il 13.
Mina	Passa di qua?
Passante	Sì, mi sa che arriva tra un po'.
Mina	Quanto tempo ci vuole con l'autobus?
Passante	Ci vogliono circa dieci minuti, invece a piedi venti minuti.
Mina	A quale fermata devo scendere?
Passante	È facile, deve scendere al capolinea.

민아 실례하지만, 미라콜리 광장에 가려면 어떤 버스를 타야 될까요?
행인 13번을 탈 수 있어요.
민아 이곳을 지나가나요?
행인 네, 잠시 후면 도착하는 것 같아요.
민아 버스 타고 시간이 얼마나 걸리나요?
행인 10분 정도 걸리지만, 걸어가면 20분 걸려요.
민아 어느 정류장에서 내려야 하나요?
행인 쉬워요, 종점에서 내리면 돼요.

대화 TIP

- **mi sa che**는 '내 생각에 ~인 것 같다', '~라고 생각하다'는 의미입니다. 주관적인 생각을 나타내지만 **che** 이하에 직설법이 쓰이는 것이 특징입니다. 1인칭 단수의 의미로만 쓸 수 있으며 부정문으로 **non mi sa**를 쓰는 것은 불가능합니다.
  Mi sa che fuori piove. 밖에 비가 오는 것 같아요.
  Mi sa che è meglio fare così. 그렇게 하는 게 나은 것 같아요.

- **a piedi**는 '걸어서'라는 뜻이고 **in piedi**는 '서서'라는 뜻입니다.
  Vado a scuola a piedi. 나는 학교에 걸어서 간다.
  Il cameriere sta in piedi tutto il giorno. 웨이터는 하루 종일 서 있다.

새 단어 및 표현

piazza *f.* 광장
passare 통과하다
qua 여기
tra ~ 사이에, ~ 후에
volerci 시간이 ~ 걸리다
circa 대략
fermata *f.* 정류장
scendere 내려가다
facile 쉬운
capolinea *m.* 종점

교통수단

autobus

m. 버스

metropolitana (metro)

f. 지하철

macchina, auto

f. 자동차

bicicletta (bici)

f. 자전거

taxi, tassi

m. 택시

motocicletta (moto)

f. 오토바이

treno

m. 기차

aereo

m. 비행기

a piedi

걸어서

vaporetto

m. 수상 버스

tram

m. 트람, 전차

유용한 표현

Espressioni utili

062

대중교통 이용 시

> Quest'autobus arriva alla stazione?

> Sì, certamente.

A 이 버스는 기차역에 가나요?
B 네, 물론입니다.

> Dove posso prendere l'autobus per l'aeroporto?

> C'è una fermata dell'autobus proprio davanti all'ingresso.

A 공항행 버스는 어디에서 탈 수 있나요?
B 출입구 바로 앞에 버스 정류장이 있어요.

▶ ingresso *m.* 입구

> Da quale binario parte il treno per Milano?

> Dal binario 13.

A 몇 번 플랫폼에서 밀라노행 기차가 출발하나요?
B 13번 플랫폼입니다.

▶ quale 어떤 | binario *m.* 플랫폼

연습 문제
Esercizi

문법 1 andare 또는 venire 동사 중 알맞은 것을 골라 형태를 바꿔 문장을 완성하세요.

(1) Marco _____ sempre a scuola a piedi?

(2) Non posso _____ con te in discoteca.

(3) Domani Laura e Claudio _____ a Roma.

(4) Stasera, tutti i miei amici _____ a cena da me.

2 알맞은 전치사를 넣어 문장을 완성하세요.

(1) Luigi va _____ biblioteca ogni giorno.

(2) Questa sera andiamo _____ trovare Rita.

(3) Devo andare _____ medico.

(4) Questo fine settimana non vado _____ montagna, ma _____ mare.

3 그림을 보고 문장을 알맞게 연결하세요.

(1)

Minho va •   • ① a nuotare •   • ⓐ al mercato.

(2)

Marta va •   • ② a fare la spesa •   • ⓑ all'università.

(3)

Roberto va •   • ③ a mangiare •   • ⓒ in pizzeria.

(4)

Maria va •   • ④ a studiare •   • ⓓ al mare.

● 녹음을 듣고 질문에 답하세요.

063

(1) Dove va Maria?

　① all'aeroporto　　　　　② alla posta

　③ in Francia　　　　　　④ al supermercato

(2) Con che cosa ci va?

　① con la metro　　　　　② con l'autobus

　③ con il taxi　　　　　　④ con il treno

(3) Quanto tempo ci vuole?

　① 1 ora　　　　　　　　② 30 minuti

　③ 3 ore　　　　　　　　④ 1 ora e 30 minuti

● 다음 대화를 읽고 질문에 답하세요.

Anna	Ciao, ragazzi, venite da me stasera?
Roberto	Sì, io vengo, e tu Linda?
Linda	Anch'io posso venire, ma devo prima passare in lavanderia.
Anna	Allora a che ora pensi di arrivare?
Linda	Verso le 8. È troppo tardi?
Anna	Non c'è problema!
Roberto	Ma... ⓐ _____ per arrivare a casa tua dall'università?
Anna	Ci vogliono 10 minuti a piedi.

(1) ⓐ에 들어갈 알맞은 표현을 고르세요.

　① Con che cosa vai　　　② Quanto tempo ci vuole

　③ Dove posso prendere l'autobus　　④ Vengo volentieri

(2) 위 대화 내용과 일치하는 것을 모두 고르세요.

　① 안나는 친구들을 집에 초대한다.

　② 로베르토는 마실 것을 가져오기로 했다.

　③ 안나의 집은 학교에서 걸어서 10분 거리에 있다.

　④ 린다는 세탁소에 가야해서 안나의 집에 갈 수 없다.

★ lavanderia *f.* 세탁소, 세탁실

이탈리아 시민의 발, 교통수단

이탈리아의 가장 일반적인 교통수단은 버스입니다. 밀라노와 로마 같은 대도시에서는
지하철과 트람(tram)도 주요 수단이 됩니다. 대도시나 소도시를 막론하고 많은 사람들이 이용하고
무엇보다 환경친화적인 자전거가 있습니다. 그리고 베네치아에는 특별한 매력을 지닌 교통수단인
수상버스 바포레토(vaporetto)가 있습니다.

버스 Autobus

버스는 시내 노선(urbano)
과 외곽으로 나가는 광역 노
선(extraurbano)으로 나
뉘어 있으며, 광범위한 지역
을 연결하는 광대역 교통수
단입니다. 버스 운행 시간은
하계와 동계로 나뉘고 평일과 주말에도 다르게 운행됩니다. 버
스 티켓은 곳곳의 담배 가게(tabacchi)나 거리의 신문 가판
대(edicola)에서 구매할 수 있습니다. 이외에도 버스 기사에
게 직접 구매를 하거나 간편하게 휴대폰 문자를 이용해 구매할
수 있습니다. 종이 티켓의 경우는 탑승과 동시에 검표기에 넣
어 펀칭을 해야 하며 70분 동안 여러 차례 환승이 가능합니다.
2020년 이후에 우리나라처럼 충전식 플라스틱 카드가 도입되
었습니다.

트람 tram

현재 이탈리아 대부분 지역
의 트람은 운행이 중단되어 가
는 추세입니다. 그러나 토리노
와 밀라노, 피렌체와 같은 몇
몇 주요 도시에서는 여전히 운
행 중입니다. 트람은 버스와 마찬가지로 지상에 위치해 지하
를 오르락내리락할 번거로움이 없습니다. 그러나 트람은 도시
내부의 근거리를 연결하는 수단이기 때문에 버스나 지하철에
비해 이동 범위에 한계가 있습니다.

지하철 metropolitana

이탈리아에는 7개의 도
시(밀라노, 로마, 나폴리,
브레시아, 토리노, 제노
바)에 지하철이 설치되어
있습니다. 밀라노의 지하
철 노선의 규모가 가장 크
며 총 4개의 노선이 있습니다. 로마의 지하철은 3개
의 노선을 갖추고 있습니다. 대도시의 지하철은 상당
히 혼잡하여 소매치기가 기승을 부리기 때문에 주의
해야 합니다.

공공 자전거 bici pubbliche

로마, 밀라노, 피렌체,
나폴리 등 주요 도시에
서 시행 중인 공공 자전
거는 친환경적이고 경
제적인 교통수단입니
다. 서울시의 공공 자전
거 시스템 따릉이와 같
은 원리라고 생각하면
됩니다. 각 지역별 차이는 있지만 기본 원리는 동일
합니다. 이용권이 1일 권과 1주일 권과 정기권(30
일, 90일, 6개월, 1년)으로 나누어져 있어 이용자들
의 사정에 따라 편리하게 이용할 수 있습니다.

바포레토 vaporetto

물의 도시 베네치아에는 버스나 지하철 대신 수상버스 바포레토가 있습니다.
바포레토는 베네치아 곳곳을 가장 빠르게 이동하는 교통수단인 동시에 해질녘
베네치아의 풍경을 가장 운치 있게 관람할 수 있는 관광 수단이기도 합니다. 1회
탑승권은 7.5유로(2022년 기준)로 비싼 편이기 때문에 체류 기간에 맞춰 24시
간, 48시간, 72시간 권을 사용하는 것이 유용할 수 있습니다.

Che cosa preferisce?

동영상 강의

- 비교급
- 최상급
- 선호 표현

Tu sei più alto di Mario?
네가 마리오보다 키가 더 크니?

No, lui è più alto di me.
아니, 그가 나보다 더 커.

● 비교급

비교급에는 동등 비교급, 우등 비교급, 열등 비교급이 있습니다.

동등 비교

동일한 가치의 두 대상을 비교하는 것으로, così ~ come, tanto ~ quanto로 표현합니다. così와 tanto는
주로 생략됩니다.

① 명사/대명사 간 비교

> A + 동사 + (così/tanto) + 형용사 + come/quanto + B

Maria è (così/tanto) felice come/quanto Susanna. 마리아는 수잔나만큼 행복하다.

② 형용사/동사 간 비교

> 주어 + 동사 + (tanto) + A + quanto + B

Amo (tanto) correre quanto camminare. 나는 걷는 것만큼 뛰는 것을 좋아한다.

우등·열등 비교

'A가 B보다 더(più)/덜(meno) ~하다'를 표현하는 구문으로 동등한 두 대상을 비교할 때 사용합니다. 이때
'~보다'에 해당되는 것은 di와 che 두 가지가 있으며, 비교하는 대상의 성질에 따라 구분됩니다. 명사/대명사
간 비교에는 di가 쓰이고 형용사/동사/부사/전치사구 간 비교에는 che가 쓰입니다.

① 명사/대명사 간 비교

| 명사 | L'aereo è più veloce del treno. 비행기는 기차보다 빠르다. |
| 대명사 | Luigi lavora meno di me. 루이지는 나보다 덜 일을 한다. |

② 형용사/동사/부사/전치사구 간 비교

형용사	Anna è più bella che carina. 안나는 귀엽기보다 아름답다.
동사	Dormire è più facile che studiare. 공부하는 것보다 잠자는 게 더 쉽다.
부사	Meglio tardi che mai. 안 하는 것보다 늦게라도 하는 게 낫다.
전치사구	Viaggio più volentieri in aereo che in treno. 나는 기차보다 비행기로 더 즐겁게 여행한다.

> **참고**
> 명사 간 비교라도 수량을 비교
> 할 때는 che가 사용됩니다.
>
> Gli italiani bevono più
> vino che birra.
> 이탈리아 사람들은 맥주보다
> 와인을 더 많이 마신다.

Ed è anche economico.
그리고 저렴하기도 해요.

Questo cappello è bellissimo.
이 모자 정말 멋져요.

● 최상급

최상급에는 한정된 범위 안에서 '가장 우수/열등한가'를 나타내는 상대적 최상급과 비교 대상 없이 막연하게 '제일 ~이다'를 나타내는 절대적 최상급이 있습니다.

상대적 최상급

| 정관사 + 명사 + più/meno + 형용사 + di ⋯ | ⋯ 중에서 가장 ~하다 |

Maria è la ragazza **più** intelligente **della** classe. 마리아는 반에서 가장 똑똑한 아이이다.
È il libro **meno** difficile **del** mondo. 이 책은 세상에서 가장 쉬운 책이다.

절대적 최상급

한정된 범위 안에서가 아닌 막연히 '제일/무척 ~하다'라는 의미로 사용되며 형태는 형용사의 마지막 모음을 생략하고 접미사 -issimo를 붙여서 만듭니다. 형용사이기 때문에 꾸며 주는 명사에 성·수를 일치시켜야 합니다.

bell(o)
interessant(e) + issimo → bellissimo
interessantissimo

> **참고**
> -co, -go로 끝나는 형용사의 경우 h를 첨가하여 만듭니다.
> ricco → ricchissimo
> lungo → lunghissimo

Questo gelato è **buonissimo**. 이 아이스크림은 무척 맛있다.
È una notizia **bellissima**! 그거 정말 좋은 소식이야!

● 선호 표현

'~을/를 (~보다) 더 좋아하다'는 preferire 동사를 이용해서 표현할 수 있습니다.

preferire A a B B보다 A를 더 좋아하다

A **Preferisci** il caffè o il tè? 커피를 더 좋아해, 차를 더 좋아해?
B **Preferisco** il tè. 난 차를 더 좋아해.
C **Preferisco** il caffè al tè. 난 차보다 커피를 더 좋아해.

Salumiere	Che cosa desidera?	식료품점 주인	무엇을 드릴까요?
Marta	Vorrei un etto di prosciutto crudo.	마르타	생 프로슈토 100그램 주세요.
Salumiere	Il prosciutto di Parma è più dolce di quello di San Daniele.	식료품점 주인	파르마산 프로슈토가 산 다니엘레산보다 더 달콤해요.
Marta	Prendo quello di Parma.	마르타	파르마산으로 살게요.
Salumiere	Le serve qualcos'altro?	식료품점 주인	더 필요한 게 있으세요?
Marta	Mi servono un po' di olive.	마르타	올리브가 조금 필요한데요.
Salumiere	Abbiamo le migliori olive nere. Sono in offerta speciale.	식료품점 주인	최상의 블랙 올리브가 있습니다. 특가 세일 중이에요.
Marta	Benissimo, prendo mezzo chilo.	마르타	아주 좋네요. 500그램 살게요.

대화 TIP

- 'a + 사람/간접 목적 대명사 + **servire** + 의미적 주어'는 '~에게 ~이/가 필요하다'의 의미 입니다. 여기에서 **servire** 동사는 주로 3인칭 단수나 복수 형태가 됩니다.
  Mi(=A me) servono dei documenti. 내게 몇 장의 서류가 필요하다.

- **migliore**는 형용사 **buono**의 비교급으로 **più buono**(더 좋은/맛있는)와 같은 표현입니다. **migliore** 앞에 정관사를 붙이면 '가장 좋은/맛있는'으로 최상급 표현이 됩니다.
  Maria è la mia migliore amica. 마리아는 나의 가장 친한 친구이다.

새 단어 및 표현

desiderare 바라다
vorrei 원하다
(volere 조건법 1인칭 단수)
etto *m.* 100그램(g)
crudo/a 날것의
dolce 달콤한
Le serve qualcos'altro?
더 필요한 게 있으신가요?
essere in offerta speciale
특가 세일 중이다
mezzo 반, 1/2
chilo *m.* 킬로그램(kg)

대화 ❷

Dialogo 2

065

Questa a fiori o quella viola?

Preferisco quella viola.

Sofia	La gonna mi sta bene, ma vorrei anche una camicetta come quella in vetrina.
Commessa	Questa a fiori o quella viola?
Sofia	Preferisco quella viola. Ho già una camicetta come questa a fiori. Quanto costa?
Commessa	40 euro.
Sofia	È un po' cara. Non ne avete una più economica?
Commessa	Mi dispiace, ma non abbiamo camicette a prezzo inferiore. È la più economica che abbiamo.

소피아	치마가 제게 잘 어울리네요. 그런데 진열장에 있는 것과 같은 블라우스도 사고 싶어요.
점원	이 꽃무늬 블라우스요? 아니면 저 보라색요?
소피아	보라색이 더 좋아요. 이런 꽃무늬 블라우스는 이미 하나 있거든요. 얼마예요?
점원	40유로예요.
소피아	조금 비싸네요. 더 저렴한 것은 없나요?
점원	죄송합니다만 더 싼 가격의 블라우스는 없어요. 여기 있는 옷 중에 가장 저렴한 거예요.

대화 TIP

· **stare bene a** + 사람: ~에게 잘 어울리다
stare bene는 '잘 지내다'라는 표현이지만 옷이나 소품이 '잘 어울린다'라고 할 때도 사용됩니다.

Questa giacca Le sta proprio bene. 이 재킷이 정말 잘 어울리시네요.
Quella maglietta mi sta stretta. 그 반소매 셔츠는 저한테 작아요.

· '(값, 비용이) ~이다/들다'를 뜻하는 동사 **costare**를 이용해 가격을 묻는 표현을 할 수 있습니다.

A Quanto costa un biglietto del cinema? 영화표는 얼마인가요?
B Costa 10 euro. 10유로 입니다.

새 단어 및 표현

gonna f. 치마
camicetta f. 블라우스
vetrina f. 진열장
caro/a 비싼
economico/a 값싼, 경제적인
inferiore 더 낮은, 하위의

의복

camicia
f. 와이셔츠, 블라우스

maglietta
m. 반소매 셔츠

maglione
m. 스웨터

giacca
f. 재킷

cappotto
m. 코트

gonna
f. 치마

pantaloni
m. 바지

calzini
m. 양말

cravatta
f. 넥타이

cappello
m. 모자

guanti
m. 장갑

sciarpa
f. 스카프

scarpe
f. 신발

stivali
m. 부츠

completo
m. 수트

vestito
m. 드레스

원단 패턴 및 재질

a fiori
꽃무늬

a righe
줄무늬

**a quadri,
a scacchi**
체크무늬

a pois
물방울무늬

di lana
양모로 된

di cottone
면으로 된

di seta
실크로 된

di pelle
가죽으로 된

색

bianco/a 흰색

nero/a 검정색

rosso/a 빨간색

giallo/a 노랑색

grigio/a 회색

verde 초록색

marrone 갈색

blu 파란색

rosa 분홍색

viola 보라색

 참고
색깔 형용사 중 어미가 -o로 끝나는 경우, 명사의 성·수에 따라 -o/a/i/e로 변형, -e로 끝나는 경우 성에
상관없이 -e/i로 단·복수로만 변형, 그 외에 blu, rosa, viola 등은 성·수에 관계없이 형태 불변입니다.

쇼핑할 때 쓰는 표현

Desidera?

Vorrei provare la gonna in vetrina.

A 무엇을 도와드릴까요?
B 진열되어 있는 치마를 입어 보고 싶어요.

B의 기타 표현

Vorrei solo dare un'occhiata.
그냥 둘러보고 싶어요.

Che taglia porta?

La 42.

A 사이즈가 어떻게 되나요?
B 42입니다.

B의 기타 표현

Che numero porta?
(신발) 사이즈가 어떻게 되나요?

Quella cravatta verde è in saldo?

Sì, c'è il 40% di sconto.

A 저 초록색 넥타이는 세일 중인가요?
B 네, 40% 할인됩니다.

Certamente!

Può farmi un pacco regalo?

A 선물 포장을 해 주시겠어요?
B 물론이죠!

연습 **문제** Esercizi

문법 1 알맞은 단어를 넣어 동등 비교 문장을 완성하세요.

(1) Roberto è così gentile _____ suo padre.

(2) Questo libro è _____ interessante _____ divertente.

(3) Viaggiare in autobus è _____ comodo _____ viaggiare in treno.

2 보기와 같이 그림을 보고 비교급 문장을 만드세요.

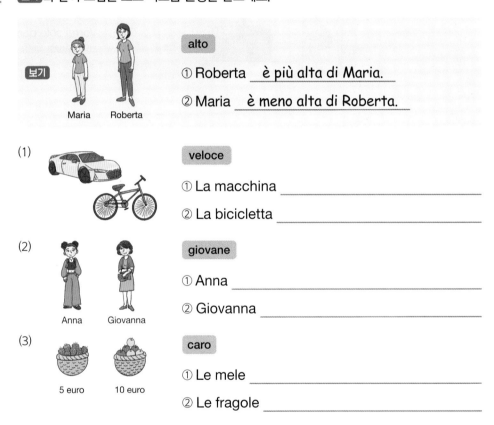

alto

보기

Maria   Roberta

① Roberta _è più alta di Maria._

② Maria _è meno alta di Roberta._

(1)

veloce

① La macchina _____

② La bicicletta _____

(2)

Anna   Giovanna

giovane

① Anna _____

② Giovanna _____

(3)

5 euro   10 euro

caro

① Le mele _____

② Le fragole _____

3 보기와 같이 절대적 최상급 문장으로 바꾸세요.

보기

Il mio appartamento è molto piccolo.

→ _Il mio appartamento è piccolissimo._

(1) Il vino francese è molto buono.   → _____

(2) Questa valigia è molto pesante.   → _____

(3) Questo monumento è molto importante. → _____

● 녹음을 듣고 질문에 답하세요.

068

(1) 각 물건을 구입한 양을 쓰세요.

①   ②    ③    ④

_____   _____   _____   _____

(2) 딸기를 구입하는 데 지불한 금액은 얼마인가요?

① 5 €　　　　　② 10 €　　　　　③ 15 €　　　　　④ 20 €

★ bottiglia *m.* 병

● 다음 대화를 읽고 질문에 답하세요.

Signora Bianchi	Questa borsa nera è molto cara. Non ne avete una più economica?
Commessa	Questa rossa ⓐ _____ 100 euro, invece questa gialla ⓑ _____ 50 euro.
Signora Bianchi	La borsa nera è ⓒ _____ piccola di quella gialla, ma è ⓓ _____ economico.
Commessa	Sì, perché è all'ultima moda.
Signora Bianchi	Mi serve una borsa grande. Mi piace questa gialla. È la più grande e la più economica.

(1) 빈칸 ⓐ와 ⓑ에 공통적으로 들어갈 동사를 알맞은 형태로 쓰세요.

➡ _____

(2) 빈칸 ⓒ와 ⓓ에 들어갈 단어를 알맞게 짝지은 것을 고르세요.

① più – più　　　　　　　　② meno – molto

③ più – meno　　　　　　　④ meno – più

(3) 비앙키 아주머니가 가장 마음에 들어 하는 가방과 이유를 우리말로 쓰세요.

➡ _____

★ all'ultima moda 최신 유행하는

이색적인 이탈리아 축제 Ⅰ

이탈리아에는 성탄절이나 부활절과 같은 국가적인 종교 행사뿐만 아니라 지역별로 각 도시의 특색을 살린 세속적인 축제도 일 년 내내 끊이질 않습니다. 시민들과 한데 어우러져 축제를 즐기는 것이야말로 현지 문화를 가장 생생하게 체험하는 방법입니다. 몇 가지 축제를 소개하자면 다음과 같습니다.

피엔차 치즈 축제

매년 9월이 되면 토스카나의 자그마한 도시 피엔차에서는 페코리노 치즈 축제가 열립니다. 피엔차의 페코리노 치즈는 양의 젖으로 만들어 숙성시킨 치즈로 코를 찌르는 특유의 진한 풍미가 중독성이 강하며 무엇보다 품질이 뛰어나 전 세계적으로 유명합니다. 치즈 축제의 핵심은 바로 고대의 민속놀이인 '팔리오 델 카초 알 푸소(Palio del Cacio al Fuso)' 경기로, 일명 '치즈 굴리기'입니다. 각 구역별 대표자가 나와 납작한 원통 모양의 페코리노 치즈 덩어리를 굴려 광장의 중심에 꽂혀 있는 나무 방추 주변에 가장 가깝게 안착시키는 놀이입니다. 또한, 축제 기간 동안에는 다양한 종류의 페코리노 치즈와 함께 지역의 향토 음식을 무료로 맛볼 수 있는 기회도 제공됩니다.

시에나 팔리오(PALIO) 축제

팔리오는 콘트라다(contrada)라고 하는 구역을 대표하는 기수들이 전통 의상을 입고 안장 없는 말에 올라 캄포 광장을 3바퀴 완주하는 경기입니다. 시에나의 팔리오는 매년 7월 2일과 8월 16일에 개최됩니다. 시에나 공화국의 전성기였던 13세기 초부터 14세기 중반까지 7월에 열리는 팔리오는 시에나의 수호 성인인 카타리나를, 8월 중순에 열리는 팔리오는 성모 마리아를 기리는 엄숙한 축제였습니다. 총 17개의 콘트라다 중 10개 구역의 기수가 7월에 열리는 팔리오에서 경쟁을 하고 8월에는 나머지 7개 구역과 7월 경기에 참여했던 10구역 중 3구역을 추첨하여 총 10개 구역이 우승을 차지하기 위해 경쟁합니다.

불과 2분도 채 안 되는 찰나의 순간을 즐기기 위해 시에나 시민들은 경기가 열리기 나흘 전부터 축제 준비로 분주합니다. 준비 기간 동안에도 충분히 축제 분위기를 즐길 수 있기 때문에 경기 당일의 혼란을 원치 않는다면 이 시기에 시에나를 둘러보는 것도 좋은 방법입니다. 팔리오 경기가 시작되기 3시간 전에는 각 콘트라다를 상징하는 깃발이 꽂힌 마을 구석구석에서 화려한 중세 의상을 입은 6백여 명의 시에나 시민들의 퍼레이드를 볼 수 있습니다. 팔리오 경기에 대한 시에나 시민들의 열정은 단순히 스포츠 경기에 열광하는 것 이상이며 '경쟁을 통해 시민들의 화합을 이루는 장'의 의미를 갖습니다.

Cosa ha fatto ieri?

동영상 강의

- 과거 분사
- 시제 조동사 essere/avere
- 근과거
- 장소 부사 ci

Quando sei arrivata?
너는 언제 도착했어?

Sono arrivata ieri sera.
나는 어제저녁에 도착했어.

● 과거 분사

이탈리아어의 과거 분사는 근과거, 대과거, 선립 미래 등과 같은 복합 시제를 만들 때 사용됩니다.

규칙형

과거 분사의 규칙형은 -are, -ere, -ire 동사별로 어미가 다르게 변화합니다.

> **참고**
>
> 직설법 현재형과 같이 동사의 어미 변화만으로 만들어진 시제를 단순 시제라 하고, '시제 조동사 essere/avere + 과거 분사' 형태로 만들어진 시제를 복합 시제라고 합니다.

-are → -ato		-ere → -uto		-ire → -ito	
studiare 공부하다	studiato	tenere 유지하다	tenuto	sentire 듣다, 느끼다	sentito

불규칙형

fare ~하다	fatto	essere ~이다	stato	avere 가지다	avuto
conoscere 알다	conosciuto	chiedere 묻다, 요청하다	chiesto	rimanere 머무르다	rimasto
chiudere 닫다	chiuso	prendere 타다, 먹다	preso	scendere 내리다	sceso
spegnere 끄다	spento	scrivere 쓰다	scritto	perdere 잃다, 놓치다	perso
scegliere 고르다	scelto	leggere 읽다	letto	nascere 태어나다	nato
aprire 열다	aperto	offrire 제공하다	offerto	morire 죽다	morto

● 시제 조동사 essere/avere

essere/avere 동사는 시제를 만드는 데 도움을 주는 시제 조동사로 본동사의 특성에 따라 그 선택이 좌우됩니다.

essere	① 존재나 상태를 나타내는 자동사: essere, stare, rimanere, nascere, morire 등 ② 왕래발착 동사: andare, partire, arrivare, tornare 등 ③ 재귀 동사: lavarsi, alzarsi 등 ④ 수동태
avere	① 타동사 ② 몇몇 자동사: dormire, viaggiare, camminare, passeggiare 등

No, non ancora.
아니요, 아직요.

Ha fatto colazione?
아침 식사 하셨나요?

● 근과거

직설법 근과거는 과거의 완료된 사건이나 행위 또는 경험을 표현할 때 사용됩니다. 형태는 복합 시제로 '시제 조동사 essere/avere의 직설법 현재 + 과거 분사'입니다. essere를 이용할 경우 과거 분사의 어미는 항상 주어에 성·수를 일치시켜야 합니다.

	essere	andare 가다	avere	mangiare 먹다
io	sono		ho	
tu	sei	andato/a	hai	
lui/lei/Lei	è		ha	mangiato
noi	siamo		abbiamo	
voi	siete	andati/e	avete	
loro	sono		hanno	

A Che cosa **avete fatto** ieri sera? 너희들 어제저녁에 뭐 했어?

B **Abbiamo visto** un film interessante. 우리는 재미있는 영화를 한 편 봤어.

A Quando **è nata** tua nipote? 네 조카는 언제 태어났어?

B **È nata** nel 2016. 2016년에 태어났어.

● 장소 부사 ci

ci는 왕래발착 동사나 상태 동사와 함께 쓰이면 '그곳에'라는 의미의 장소 부사 역할을 하며 동사 앞에 위치합니다.

A Quando vai in Spagna? 언제 스페인에 가니?

B **Ci** vado la settimana prossima. 그곳에 다음 주에 가.

A Sei mai stata a Seoul? 서울에 가 본 적 있니?

B Sì, **ci** sono stata l'anno scorso. 응, 작년에 그곳에 가 봤어.

Dove è stato in vacanza?

Marta e io siamo andati in Sardegna, sulla costa Smeralda.

Luca	Dove è stato in vacanza?
Antonio	Marta e io siamo andati in Sardegna, sulla costa Smeralda.
Luca	È bella la Sardegna, vero?
Antonio	Stupenda!
Luca	Vi invidio! Veramente non posso permettermi un posto così... Vi siete fermati molto?
Antonio	Tre settimane. E tu come hai passato le vacanze estive?
Luca	Sono stato solo un giorno al mare e poi sono rimasto in città.

루카	어디로 휴가를 다녀오셨어요?
안토니오	마르타와 나는 사르데냐에 있는 스메랄다 해안에 갔었단다.
루카	사르데냐 아름답죠, 그렇죠?
안토니오	정말 멋졌어!
루카	부러워요! 저는 그런 곳은 꿈도 못 꾸는 걸요. 오래 계셨어요?
안토니오	3주 있었어. 너는 여름 방학을 어떻게 보냈니?
루카	겨우 하루 바다에 갔었고 그리고는 도시에 머물렀어요.

새 단어 및 표현

vacanza *f.* 휴가, 방학
costa *f.* 해안
invidiare 부러워하다
permettersi ~할 여유/형편이 되다
fermarsi 멈추다, 머무르다
passare 보내다
estivo/a 여름의
solo 오직, 겨우
e poi 그리고, 그런 다음
rimanere 머무르다

대화 TIP

fermarsi와 같은 재귀 동사의 근과거는 시제 조동사 **essere**를 이용하며 재귀 대명사를 시제 조동사 앞에 둡니다. 과거 분사의 어미는 항상 주어에 성·수를 일치시킵니다.

  A A che ora ti sei alzato? 너는 몇 시에 일어났니?
  B Mi sono alzato verso le 7. 난 7시쯤 일어났어.

Dove sei stata tutto il giorno?

Sono andata al lago di Como con Fabio.

Luca	Non hai ricevuto il mio messaggio sul cellulare?
Mina	Quando? Non mi è arrivato nessun messaggio...
Luca	Ti ho cercato tanto, ma dove sei stata tutto il giorno?
Mina	Sono andata al lago di Como con Fabio.
Luca	Proprio un bel pomeriggio!
Mina	Sì, è stata una bella giornata. Ci sei mai stato?
Luca	No, non ancora. Ma ho tanta voglia di andarci.

루카	내 휴대폰 메시지 못 받았어?
민아	언제? 아무 메시지도 안 왔는데….
루카	널 얼마나 찾았는데, 하루 종일 대체 어디 있었어?
민아	파비오와 꼬모 호수에 갔었어.
루카	멋진 오후를 보냈구나!
민아	응, 즐거운 하루였어. 그곳에 가 본 적 있니?
루카	아니, 아직. 그곳에 정말 가 보고 싶어.

대화

nessuno는 '어느 것도/아무도 ～않다'는 뜻입니다. 단독으로 쓰이거나 non과 함께 쓰일 수 있으며, 모두 부정의 의미입니다. 형용사로 쓰일 경우 nessuno는 부정 관사 uno와 같은 어미 변화를 합니다.

  Nessuno viene alla festa. 아무도 파티에 오지 않는다.
  Non c'è nessuno a casa. 집에 아무도 없다.
  Non ho nessun amico. 나는 친구가 아무도 없다.

새 단어 및 표현

ricevere 받다
messaggio *m.* 메시지
cercare 찾다
tutto il giorno 하루 종일
lago *m.* 호수
È stata una bella giornata. 즐거운 하루였어.
avere voglia di + 동사 원형 ～하고 싶다

여행 관련 ①

turista
m.f. 관광객

guida
f. 가이드

informazioni turistiche
f. 관광 안내소

agenzia di viaggio
f. 여행사

deposito bagagli
m. 수하물 보관소

biglietteria
f. 매표소

biglietto
m. 표

mappa
f. 지도

prenotazione
f. 예약

rimborso
m. 환불

alta stagione
f. 성수기

bassa stagione
f. 비수기

entrata *f.*, **ingresso** *m.* 입장료
turismo *m.* 관광
ritardo *m.* 지연
mancia *f.* 팁
condizioni di cancellazione *f.* 취소 방침

tassa di soggiorno *f.* 숙박세
noleggio auto *m.* 렌트카
itinerario *m.* 여정
cancellazione *f.* 취소
tutto incluso 일체의 경비가 포함된

> **참고**
> 이탈리아는 일부 유럽 도시처럼 호텔 요금에 별도로 관광세를 부과하고 있습니다. 이를 도시세 혹은 숙박세라고 합니다. 도시별, 숙박 유형에 따라 요금 체계가 상이합니다.

공항에서

Ho un biglietto
per Madrid.

Posso vedere il suo
passaporto?

A 마드리드행 티켓이 있습니다.
B 여권을 보여 주시겠어요?

B의 기타 표현

Qual è la sua destinazione?
가시는 목적지가 어디인가요?

Quanti bagagli ha
per il check-in?

Ho due valigie.

A 부치실 짐이 몇 개 있으세요?
B 두 개 있습니다.

B의 기타 표현

Ho solo un bagaglio a mano.
기내 가방 하나만 있습니다.

Desidera un posto
lato finestrino o
corridoio?

Finestrino, grazie.

A 창가와 복도 중 어느 자리를 원하세
요?
B 창가 자리 주세요, 고맙습니다.

B의 기타 표현

Vorrei un posto vicino alle
uscite di emergenza.
비상구 쪽 좌석을 원합니다.

문법

1 주어진 동사를 알맞은 형태의 근과거로 바꿔 문장을 완성하세요.

(1) Giovanna _____ (comprare) una macchina nuova.

(2) Clara _____ (arrivare) alle due di notte e poi _____
(telefonare) al suo ragazzo.

(3) Che cosa _____ (tu – fare) ieri sera?

(4) Io _____ (sedersi) ed _____ (parlare) con mia madre.

(5) A che ora voi _____ (tornare) a casa?

2 그림에 해당하는 설명을 찾아 연결하세요.

(1)

•

• ① Piero è andato in camera da
letto e ha svegliato la moglie.

(2)

•

• ② Piero ha preparato la
colazione per sua moglie.

(3)

•

• ③ La sveglia ha suonato e Piero
si è alzato dal letto.

(4)

•

• ④ Piero e sua moglie hanno
fatto colazione.

듣기 ● 녹음을 듣고 Angela가 어제 한 일을 순서대로 나열하세요.

073

①

②

③

④

(   ) → (   ) → (   ) → (   )

읽기 ● 다음 Alberto의 글을 읽고 질문에 답하세요.

L'anno scorso sono andato a fare un viaggio in Argentina. ⓐ Sono partito con la mia amica Gina. Lei però ⓑ ha dovuta ritornare in Italia dopo una settimana e io ⓒ sono rimasto per altri 10 giorni. Io e Gina abbiamo visitato dei posti bellissimi e ⓓ siamo incontrato tante persone stupende. Purtroppo abbiamo avuto anche qualche problema perché qualcuno ha rubato la mia macchina fotografica.

(1) ⓐ~ⓓ 중 시제 조동사가 잘못 들어간 것을 모두 찾아 바르게 고치세요.

→ _____

(2) 위 내용과 일치하지 <u>않는</u> 것을 두 개 고르세요.
  ① 작년에 알베르토는 아르헨티나에 갔다.
  ② 지나와 알베르토는 아르헨티나에서 2주 넘게 여행을 함께 했다.
  ③ 알베르토는 사진기를 잃어버렸다.
  ④ 알베르토와 지나는 아르헨티나에서 예전 친구들을 만났다.

★ rubare 훔치다 | macchina fotografica *m.* 사진기

이색적인 이탈리아 축제 II

베네치아 카니발 (Carnevale di Venezia)

물의 도시 베네치아에서 열리는 카니발은 그 역사가 900년이 넘습니다. 공식적으로 베네치아의 카니발 행사가 기록된 것은 1296년이고 보통 1월 말에서 2월 사이에 열립니다. 2주간 열리는 카니발 기간 동안 화려한 복장에 가면을 쓴 많은 사람들이 베네치아의 광장과 거리 곳곳을 활보하고 다니며 축제 분위기를 한층 활기차게 만들어 줍니다. 베네치아의 전통 의상을 입은 12명의 여성이 웅장한 퍼레이드를 펼치는 마리아 축제(Feste delle Marie)와 여기에서 뽑힌 그 해의 미스 베네치아가 천사 분장을 하고 밧줄에 의지해 산 마르코 광장의 종탑 위에서 두칼레 궁전까지 내려오는 천사의 비행으로 축제의 서막이 오릅니다.

카니발은 고대 로마 시대 때 하층민들이 가면으로 익명성을 보장받고 자유롭게 즐길 수 있는 기회를 제공했던 것에서 유래했다고 전해집니다. 산 마르코 광장과 스키아보니 강가에서 펼쳐지는 마술사, 곡예사, 음악가들의 공연을 보며 서민들은 고단한 일상에 조금이나마 위안을 받았으며 '가면을 쓰면 모든 사람이 동등하다'는 순간적인 카타르시스를 느낄 수 있었습니다. 그리고 베네치아의 유명 극장과 카페, 대운하가 내려다보이는 역사적인 건축물에서는 화려한 무도회가 열렸습니다. 베네치아 카니발은 세계 5대 축제에 꼽힐 정도로 상당한 규모와 볼거리를 자랑합니다. 화려한 가면과 의상이 아름다운 베네치아의 풍경과 어우러져 완벽한 축제 분위기를 연출합니다.

아씨시의 칼렌디마조(Calendimaggio) 축제

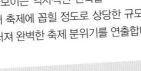

'5월 초하루'라는 뜻의 칼렌디마조 축제는 봄맞이 축제로 매년 5월 1일 이후 첫 번째 수요일부터 토요일까지 열립니다. 칼렌디마조 축제는 움브리아 주를 비롯해 이탈리아 중북부의 롬바르디아나 에밀리아-로마냐 주 등 여러 지역에서 개최됩니다. 그중 아씨시의 칼렌디마조 축제가 가장 아름답기로 유명합니다. 축제 기간 동안 아씨시의 골목골목에는 13세기~15세기 중반의 중세의 삶을 재현하는 행렬과 음악 공연이 펼쳐집니다. 그리고 도시를 위와 아래의 두 지역으로 나누어 중세 코스튬 퍼레이드를 비롯해 활쏘기, 줄다리기 등 각종 대결을 펼칩니다. 이뿐만 아니라 두 지역은 아름다운 여성을 각각 5명씩 선발해 최종적으로 한 명의 봄의 여왕(Madonna Primavera)을 가립니다. 봄의 여왕을 선출하는 영광은 경기에서 우승한 지역의 젊은이들에게 주어집니다. 칼렌디마조 축제는 움브리아 주민들이 함께 참여하고 즐거움을 나누는 뜻 깊은 화합의 장일 뿐만 아니라 중세의 삶을 재현해 볼 수 있는 특별한 기회입니다.

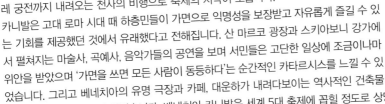

Da piccolo ero timido.

- 반과거
- 근과거 vs 반과거

동영상 강의

Com'eri da piccolo?
너는 어렸을 때 어땠어?

Ero molto grasso.
난 무척 뚱뚱했었어.

● 반과거

반과거는 과거의 지속적이고 반복적인 행위나 상태를 표현할 때 쓰이며 '~하곤 했다', '~하고 있었다'로 해석됩니다.

	규칙형			불규칙형	
	andare 가다	vedere 보다	capire 이해하다	essere ~이다	fare ~하다
io	andavo	vedevo	capivo	ero	facevo
tu	andavi	vedevi	capivi	eri	facevi
lui/lei/Lei	andava	vedeva	capiva	era	faceva
noi	andavamo	vedevamo	capivamo	eravamo	facevamo
voi	andavate	vedevate	capivate	eravate	facevate
loro	andavano	vedevano	capivano	erano	facevano

용법

① 과거의 습관적, 반복적 동작이나 상태를 표현

Ogni mattina **mi alzavo** alle 6. 매일 아침 나는 6시에 일어나곤 했다.

Quando ero ragazzo, **giocavo** sempre con mio fratello. 나는 어렸을 때 항상 형과 함께 놀곤 했다.

② 과거의 특정 시점에 지속되고 있던 동작이나 상태를 표현

Quando mi hai telefonato ieri, **dormivo**. 어제 네가 전화했을 때, 나는 자고 있었어.

Il 13 settembre dell'anno scorso **ero** in viaggio. 작년 9월 13일에 나는 여행하고 있었다.

③ 과거에 동시에 일어난 동작이나 상황을 묘사

Mentre **studiavo**, i miei amici **guardavano** la TV. 내가 공부하는 동안 친구들은 TV를 보고 있었다.

Mentre **leggevo** il giornale, Maria **cucinava**. 내가 신문을 보는 동안 마리아는 요리를 하고 있었다.

④ 과거의 분위기, 상태, 날씨, 사람, 물건, 상황 등을 묘사

Faceva molto caldo. 무척 더웠다.

Fabio **era** un ragazzo timido. 파비오는 소심한 아이였다.

Cosa facevi quando ti ho chiamato?
내가 전화했을 때 뭐 하고 있었어?

Dormivo, perché ero molto stanca.
피곤해서 잠을 자고 있었어.

● 근과거 vs 반과거

근과거	반과거
함께 쓰는 시간 표현	함께 쓰는 시간 표현
ieri 어제 la settimana scorsa 지난주에 il mese scorso 지난달에 l'anno scorso 작년에 tutto il giorno 하루 종일 dalle 3 alle 5 3시부터 5시까지 per 2 giorni 이틀 동안	di solito 보통, 평상시에 ogni tanto 가끔 spesso 자주 sempre 항상 tutti i giorni 매일 mentre ~하는 동안 da piccolo/a 어렸을 때
과거에 산발적으로 일어난 행위	과거에 습관적으로 일어난 행위
Ieri **ho giocato** a calcio. 어제 나는 축구를 했다.	**Giocavo** a calcio la sera. 나는 저녁마다 축구를 하곤 했다.
명확한 시점에 완료된 동작	특정한 시점에 지속되고 있는 동작
Mercoledì **ho studiato** fino a mezzanotte. 수요일에 나는 자정까지 공부했다.	Mercoledì alle 15:00 **studiavo** in biblioteca. 수요일 오후 3시에 나는 도서관에서 공부하고 있었다.
순간적으로 발생한 사건이나 행위	일정 시간 지속된 사건이나 행위
Ieri **è piovuto** un po'. 어제 비가 조금 내렸다.	Ieri **pioveva** a dirotto. 어제 비가 억수같이 내리고 있었다.

근과거와 반과거는 한 문장에서 동시에 사용될 수 있습니다.

① 어떠한 행위가 지속되는 동안 또 다른 행위가 일시적으로 일어난 경우

　　Mentre **mangiavo, è suonato** il telefono. 내가 식사를 하는 동안에 전화가 울렸다.

② 사건과 묘사가 인과 관계를 나타내는 경우

　　Abbiamo chiuso tutte le finestre, perché **faceva** troppo freddo.
　　우리는 너무 추워서 창문을 전부 닫았다.

　　Fabio **era** stanco, perciò **è andato** a letto presto. 파비오는 피곤해서 일찍 잠자리에 들었다.

Che giochi faceva
da bambina?

Io e i miei amici giocavamo a
nascondino fino a tarda sera.

Mina	Professoressa, che giochi faceva da bambina?
Elisabetta	Io e i miei amici giocavamo a nascondino fino a tarda sera.
Mina	Era brava a giocare a nascondino?
Elisabetta	Mi nascondevo molto bene e i ragazzi non mi trovavano mai. E tu a cosa giocavi?
Mina	Io guardavo spesso i cartoni animati in TV. Mia madre diceva che la TV fa male agli occhi, perciò potevo guardarla solo un'ora al giorno.
Elisabetta	Sì, aveva ragione tua madre!

민아	선생님, 어렸을 때 무슨 놀이를 하셨어요?
엘리자베타	나와 친구들은 밤늦게까지 숨바꼭질을 하곤 했어.
민아	숨바꼭질을 잘하셨어요?
엘리자베타	나는 정말 잘 숨었고 아이들은 나를 절대 찾을 수 없었어. 넌 뭘 하고 놀았니?
민아	저는 종종 TV로 만화 영화를 봤어요. 저희 엄마는 TV가 눈에 해롭다고 말했어요. 그래서 저는 하루에 한 시간만 TV를 볼 수 있었어요.
엘리자베타	그래, 너희 엄마가 옳았어!

대화 TIP

'a + 정관사 + 기간 단위(일, 주, 월, 년)'는 '한 ~에'란 뜻으로 al giorno(하루에), all'anno (일 년에), alla settimana(일주일에)와 같은 표현을 할 수 있습니다. 여기에 시간(ora)이나 횟수(volta)를 붙여 지속 시간이나 빈도를 나타낼 수 있습니다.

Lavoro nel bar 6 ore al giorno. 나는 바에서 하루에 6시간 일한다.
Mi lavo i denti tre volte al giorno. 나는 하루에 세 번 이를 닦는다.

새 단어 및 표현

da bambino/a 어렸을 때
nascondino m. 숨바꼭질
tardo/a 늦은
cartone animato m. 만화 영화
fare male a ~에 해롭다, 나쁘다
perciò 그래서
avere ragione
~이/가 옳다 (~의 말이 옳다)

Lo immaginavo!

Mi sono innamorato di lei al primo sguardo!

Sofia	Com'è andato l'appuntamento con Laura?
Marco	È andato bene. Mi sono innamorato di lei al primo sguardo!
Sofia	Lo immaginavo!
Marco	Laura indossava un vestito giallo con un paio di sandali rossi. Era talmente bella.
Sofia	Quindi cosa avete fatto?
Marco	Siamo andati in un ristorante sulla riva del lago. C'era poca gente ed in sottofondo c'era una musica dolce.

소피아	라우라와의 데이트 어땠어?
마르코	괜찮았어. 나는 첫눈에 그녀에게 반했어.
소피아	그럴 줄 알았어!
마르코	라우라는 노란색 드레스에 빨간색 샌들을 신고 있었어. 너무나도 아름다웠어.
소피아	그래서 너희 뭐 했어?
마르코	우리는 호숫가에 있는 레스토랑에 갔었어. 사람도 별로 없었고 감미로운 배경 음악이 흐르고 있었어.

새 단어 및 표현

appuntamento *m.* 약속, 데이트
innamorarsi di
(사람) ~에게 반하다, ~와/과 사랑을 하다
al primo sguardo 첫눈에
immaginare 상상하다
indossare 입다
talmente 정말, 아주 많이
riva *f.* 해안, 물가
poco 조금
in sottofondo 배경에

대화

Com'è andato?는 '어떻게 됐어?', '어땠어?'라는 뜻으로 어떤 일이나 상황의 결과를 물을 때 쓰입니다. 문장 내에 주어를 명시하지 않고 단독 사용이 가능하며, 이때 Com'è andata? 라고 하는 것이 보통입니다. 그러나 주어가 제시될 경우 주어의 성에 따라 andato/a로 바뀝니다.

A Com'è andata l'intervista? 인터뷰 어땠어?
B È andata bene. 잘됐어.

다양한 형용사

molto | **poco**
많은 | 적은

caldo | **freddo**
더운, 뜨거운 | 추운, 차가운

lungo | **corto**
긴 | 짧은

veloce | **lento**
빠른 | 느린

facile | **difficile**
쉬운 | 어려운

ricco | **povero**
부유한 | 가난한

uguale | **diverso**
같은 | 다른

duro | **morbido**
딱딱한 | 부드러운

pulito | **sporco**
깨끗한 | 더러운

forte | **debole**
강한 | 약한

수량을 나타내는 부사

tanto, molto 많이, 대단히　　**troppo** 너무, 지나치게
poco 적게　　**parecchio** 꽤 많이
abbastanza 충분히, 꽤　　**assai** 아주, 대단히

> **참고**
> 형용사는 수식하는 명사에 성·수를 일치 시킵니다. 위의 부사 중에서
> assai, abbastanza를 제외하고 형용사이자 부사로 쓰입니다.

감정 표현하기

격려

Non ti preoccupare!
Andrà tutto bene.

Grazie.

A 걱정하지 마! 모두 잘될 거야.
B 고마워.

불쾌감

Sono stanca
di fare la fila!

Abbi pazienza!

A 줄 서는 것에 지쳤어요.
B 인내심을 가지세요!

A의 기타 표현
Sono stufo! 지겨워!, 지긋지긋해!

무관심

La squadra è stata
promossa in serie A!

Non mi
interessa.

A 그 팀이 세리에 A로 승격됐어!
B 난 관심 없어.

B의 기타 표현
Non mi importa niente.
전혀 관심 없다.

놀라움

Ho vinto la
lotteria!

Non ci posso
credere!

A 내가 복권에 당첨됐어!
B 믿을 수 없어!

B의 기타 표현
Incredibile! 믿을 수 없어!

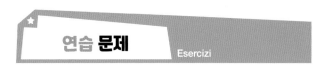

문법 1 주어진 동사를 알맞은 형태의 반과거로 바꿔 문장을 완성하세요.

(1) Da bambina Margherita _____ (essere) molto grassa.

(2) Per le vacanze noi _____ (andare) sempre in montagna.

(3) Giuseppe _____ (avere) l'abitudine di alzarsi tardi la mattina.

(4) Ieri _____ (fare) un freddo terribile.

★ avere l'abitudine di ~하는 습관이 있다

2 주어진 동사를 근과거 또는 반과거 중 알맞은 시제로 바꿔 문장을 완성하세요.

(1) Ieri _____ (io – lavorare) fino alle 7.

(2) Matteo non ha mangiato perché non _____ (avere) fame.

(3) Mentre noi _____ (fare) colazione, _____ (arrivare) i nostri amici.

(4) Carla _____ (essere) molto stanca, perciò è andata a letto presto.

3 알맞은 과거형을 골라 문장을 완성하세요.

(1) Quando (eravamo / siamo state) piccoli, io e mia sorella amavamo giocare a scacchi.

(2) L'anno scorso (andavo / sono andato) in vacanza, ma non avevo i soldi sufficienti.

(3) Mia nonna (viveva / ha vissuto) in Olanda per due anni.

(4) Mentre i ragazzi (attraversavano / hanno attraversato) la strada, (vedevano / hanno visto) Michele.

(5) Ieri Giovanni non (andava / è andato) in ufficio perché (aveva / ha avuto) la febbre e (dormiva / ha dormito) tutto il giorno.

녹음을 듣고 질문에 답하세요.

(1) Dove abitava, quando era piccolo?

① Roma   ② Napoli

③ Venezia   ④ Milano

(2) Che cosa faceva lui?

① giocava a nascondino   ② cantava

③ giocava a calcio   ④ suonava il violino

(3) Mentre lui suonava il pianoforte, cosa faceva suo fratello?

① suonava la chitarra   ② giocava a calcio

③ andava a Napoli   ④ cantava

★ strumento *m.* 악기 │ violino *m.* 바이올린

 다음 대화를 읽고 Marta의 예전 모습으로 알맞은 것을 고르세요.

A   Marta, com'eri quando avevi 20 anni? Allora non eri come sei oggi?

B   No, ero molto magra. Avevo i capelli lunghi e biondi. E portavo gli
     occhiali. Mi mettevo sempre la gonna corta e andavo in giro con la
     borsa rossa.

①

②

③

④

★ andare in giro 돌아다니다

Inside 이탈리아

르네상스를 꽃피운 메디치 가문

베키오궁

메디치 가문은 르네상스 시대의 이탈리아를 대표하는 가장 위대하고 화려했던 가문으로 꼽힙니다. 메디치 가문은 피렌체에서 동방 무역과 금융업으로 부와 명성을 축적하고 정치적 패권까지 장악한 후, 그들의 거점지인 피렌체를 세계적인 예술의 도시로 이끌었습니다. 13세기부터 17세기에 이르기까지 400여 년의 세월 동안 피렌체를 실질적으로 지배해 오면서 세 명의 교황을 배출했고 자손들을 프랑스 및 영국 왕가와 혼인시킴으로써 국제적으로 세력을 넓혀 나갔습니다. 메디치 가문은 막대한 자금을 들여 천재적 예술가들이 무한한 창의성을 펼칠 수 있도록 적극적으로 후원함으로써 문화 예술을 장려하고 더 나아가 국가 경쟁력 강화에 기여했습니다. 오늘날 이름만 들어도 감탄이 절로 나오는 레오나르도 다 빈치(Leonardo da Vinci)와 라파엘로(Raffaello Sanzio)를 비롯하여 미켈란젤로(Michelangelo Buonarrotti), 브루넬리스키(Filippo Brunelleschi) 등 세기의 예술가들을 발굴해 냈습니다. 메디치가처럼 기업 가문이 오랜 기간 동안 예술과 인문학에 후원한 역사적 사례는 매우 드물다고 할 수 있습니다. 메디치 가문이 수백 년에 걸쳐 수집한 진귀한 예술 작품은 피렌체의 가장 중요한 문화적 자산으로 오늘날까지 소중히 보존되고 있습니다.

메디치 가문의 문장

이탈리아 예술의 수도로 매혹적인 역사를 지닌 피렌체를 거닐다 보면 과거의 권세를 자랑이나 하듯 도시 곳곳에 메디치 가문의 문장이 새겨져 있는 것을 볼 수 있습니다. 메디치 가문을 상징하는 문장은 방패 모양의 노란색 바탕에 여러 개의 붉은색 원과 세 송이의 백합이 들어 있는 푸른색 구슬이 그려져 있는 것이 특징입니다. 피렌체가 꽃의 도시라 불리게 된 계기도 피렌체를 지배했던 메디치가의 문장에 바로 이 백합꽃이 그려져 있기 때문이기도 합니다. 피렌체 곳곳에서 찾아볼 수 있는 문장들을 자세히 들여다보면 붉은색의 원의 개수가 서로 다른 것을 알 수 있습니다. 문장이 처음 만들어졌을 당시 원의 개수는 열한 개였다고 합니다. 그러나 시대를 거치면서 개수가 줄어들고 최종적으로 로렌초 일 마니피코(Lorenzo il Magnifico) 시대에 와서 푸른 원을 포함하여 총 6개의 원이 남게 되었습니다.

Partirò per le vacanze.

동영상 강의

- 단순 미래
- 단순 미래 용법
- 선립 미래

Dove andrai per le vacanze?
어디로 휴가를 갈 거야?

Andrò in Sardegna.
사르데냐에 갈 거야.

● 단순 미래

미래 시제는 미래에 일어날 일을 이야기하거나 의지, 추측을 표현할 때 사용됩니다. 1인칭 단수와 3인칭 단수의 어미에 강세가 붙으며 -are 동사는 -ere 동사와 같은 어미 변화를 하는 것이 특징입니다.

규칙형

	parlare 말하다	scrivere 쓰다	finire 끝내다
io	parlerò	scriverò	finirò
tu	parlerai	scriverai	finirai
lui/lei/Lei	parlerà	scriverà	finirà
noi	parleremo	scriveremo	finiremo
voi	parlerete	scriverete	finirete
loro	parleranno	scriveranno	finiranno

어미가 -gare, -care로 끝나는 동사는 원형의 음가를 유지하려는 성질이 있어 h를 첨가하여 변형합니다.

spiegare 설명하다 → spiegherò   cercare 찾다 → cercherò

어미가 -ciare, -giare로 끝나는 동사는 이중 모음의 발음상 문제로 i가 탈락되고 변형합니다.

cominciare 시작하다 → comincerò   mangiare 먹다 → mangerò

불규칙형

일부 동사들은 변화한 어간에 다음과 같은 규칙 어미가 첨가됩니다.

> 동사 변화 어간 + 단순 미래 어미 (-rò / rai / rà / remo / rete / ranno)

동사 원형	변화 어간	동사 원형	변화 어간
andare 가다	and	rimanere 머물다	rimar
dovere ~해야 한다	dov	venire 오다	ver
potere ~할 수 있다	pot	volere ~ 원하다	vor
sapere 알다	sap	bere 마시다	ber
vedere 보다	ved	dare 주다	da
vivere 살다	viv	fare ~하다	fa

Che cosa farai dopo?
이따가 뭐 할 거야?

Quando avrò finito i compiti, andrò alla festa.
숙제를 끝내고 나면 파티에 갈 거야.

● 단순 미래 용법

① 미래에 일어날 행위를 표현할 때

Domenica **partiremo** con il treno delle 9. 일요일에 우리는 9시 기차로 떠날 것이다.

Stasera **scriverò** una mail a Roberto. 오늘 저녁 로베르토에게 편지 한 통을 쓸 것이다.

② 추측이나 불확실성을 표현할 때

A quest'ora Fabio **sarà** in ufficio? 이 시간에 파비오가 사무실에 있을까?

A Che tempo **farà** questo fine settimana? 이번 주말 날씨는 어떨까요?

B **Farà** bel tempo. 날씨가 좋을 거예요.

> **참고**
> 미래의 일이라도 확실한 것, 또는 가까운 미래일 경우는 직설법 현재를 쓰기도 합니다.
> **Domani vado a Roma.**
> 내일 나는 로마에 간다.

● 선립 미래

선립 미래는 단순 미래보다 선행하는 미래의 행위나 사건을 서술할 때 사용되며 단순 미래와 함께 등장합니다. 과거의 불확실한 사건이나 행위를 표현할 경우는 단독으로 등장하기도 합니다. 선립 미래의 형태는 'essere/avere의 단순 미래형 + 과거 분사'입니다. 시제 조동사 essere/avere의 선택 기준은 근과거 만들 때와 마찬가지로 과거 분사가 되는 동사가 자동사인 경우 essere, 타동사인 경우 avere를 사용합니다. **13과 시제 조동사 참조**

	essere	andare 가다	avere	dire 말하다
io	sarò		avrò	
tu	sarai	andato/a	avrai	
lui/lei/Lei	sarà		avrà	detto
noi	saremo		avremo	
voi	sarete	andati/e	avrete	
loro	saranno		avranno	

Quando **avrò finito** il lavoro, **andrò** al cinema.
나는 일이 끝나면, 영화관에 갈 것이다.

Appena Vittorio **sarà tornato** dalle vacanze, **comincerà** un corso d'italiano.
비토리오는 휴가에서 돌아오자마자, 이탈리아어 코스를 시작할 것이다.

Alberto non risponde al telefono. **Sarà** già **uscito** di casa.
알베르토가 전화를 안 받아. 벌써 집을 나갔을 거야.

> **참고**
> 선립 미래는 두 행위나 사건의 시간 전후 관계를 명확하게 나타내려는 의도에서 사용되는 것이기 때문에 단순 미래를 사용해도 무방한 경우가 많습니다.

Che cosa farai durante le vacanze estive?

Farò un viaggio in Francia per due settimane.

Paulo	Che cosa farai durante le vacanze estive?
Mina	Farò un viaggio in Francia per due settimane.
Paulo	Quali città visiterai?
Mina	Per primo andrò a Parigi a vedere la Torre Eiffel.
Paulo	Fantastico!
Mina	Non vedo l'ora di partire. E tu? Cosa farai quest'estate?
Paulo	Non lo so, non ho nessun progetto per ora.

파울로	여름 방학 동안 뭐 할 거야?
민아	2주 동안 프랑스 여행을 할 거야.
파울로	어떤 도시들을 가 볼 거야?
민아	가장 먼저 파리에 가서 에펠 탑을 볼 거야.
파울로	멋지다!
민아	난 어서 떠나고 싶어. 너는? 이번 여름에 뭐 할 거야?
파울로	모르겠어, 아직까진 아무런 계획이 없어.

대화 TIP

- durante는 '~동안'이라는 뜻입니다. 전치사이기 때문에 때를 나타내는 명사를 취합니다.

  Non lavoro durante le vacanze. 난 휴가 동안 일을 하지 않는다.

  Durante la lezione di matematica spesso mi addormento.
  나는 수학 시간에 자주 잠이 들어요.

- 'non vedo l'ora di + 동사 원형'은 '~을/를 손꼽아 기다리다', '~을/를 무척 기대하다', '어서 ~하고 싶다'라는 표현입니다.

  Non vedo l'ora di incontrarti. 나는 너를 얼른 만나고 싶어.

새 단어 및 표현

estivo/a 여름의
visitare 방문하다
vedere 보다
fantastico/a 환상적인
progetto *m.* 계획

Cosa farai dopo
la laurea?

Quando avrò guadagnato
abbastanza soldi, andrò in
Inghilterra.

Luca	Che progetti hai per il prossimo anno?
Marco	Appena avrò finito gli studi, mi trasferirò a Milano.
Luca	Cosa farai a Milano?
Marco	Cercherò un lavoro come ingegnere. E tu? Cosa farai dopo la laurea?
Luca	Quando avrò guadagnato abbastanza soldi, andrò in Inghilterra a studiare diritto internazionale.
Marco	È un ottimo piano!

루카	내년에 무슨 계획 있어?
마르코	공부를 마치자마자 밀라노로 이사할 거야.
루카	밀라노에서 뭐 할 거야?
마르코	엔지니어 일을 찾을 거야. 너는? 졸업하면 뭐 할 거야?
루카	돈을 충분히 번 다음에 영국에 국제법을 공부하러 갈 거야.
마르코	아주 좋은 계획이구나!

대화 TIP

• **appena**는 '~하자마자', '이제 막'이라는 표현입니다.
  Appena avrò notizia, vi farò sapere. 소식을 접하자마자 너희에게 알려 줄게.
  Sono appena le dieci. 이제 막 열 시이다.

• 동사 **cercare**와 **trovare**의 의미는 '찾다'로 같지만 미묘한 쓰임의 차이를 보입니다.
  cercare는 '무언가를 (의도적으로) 찾는 과정'을 표현하고, **trovare**는 '결과적으로 발견했다'는 의미로 쓰입니다.

  Al momento sto cercando un lavoro. 현재 저는 일자리를 찾고 있습니다.
  Finalmente ho trovato un lavoro da sogno! 드디어 꿈의 직장을 찾았습니다!

새 단어 및 표현

Che progetti hai?
무슨 계획이 있니?
trasferirsi 이사하다, 이전하다
ingegnere *m.* 엔지니어
laurea *f.* 학위, 졸업
guadagnare 돈을 벌다
diritto internazionale *m.* 국제법
piano *m.* 계획, 층, 천천히

여행 관련 ②

compagnia aerea
f. 항공사

check-in
m. 체크인

passaporto
m. 여권

carta d'imbarco
f. 탑승권

finestrino
m. 창가 좌석

corridoio
m. 복도 좌석

bagaglio a mano
m. 기내 수하물

scontrino del bagaglio
m. 수하물 태그

visto
m. 비자

atterrare 착륙하다,
atterraggio *m.* 착륙

decollare 이륙하다,
decollo *m.* 이륙

dogana
f. 세관

arrivi
m. 도착

partenze
f. 출발

ritiro bagagli
m. 수하물 찾는 곳

controllo passaporti
m. 여권 검사(입국 심사)

sola andata
f. 편도

andata e ritorno (A/R)
m. 왕복

약속 잡기

Hai del tempo libero stasera?

Stasera sono molto impegnata.

A 오늘 저녁에 시간 있니?
B 오늘 저녁은 무척 바빠.

Ci vediamo alle 7?

Va bene. Ti aspetto alle 7 davanti al bar.

A 우리 7시에 만날까?
B 좋아. 7시에 바 앞에서 기다릴게.

Possiamo rimandare l'appuntamento ad un'altra volta?

Certo, non c'è problema.

A 약속을 다음번으로 미뤄도 될까요?
B 당연하죠, 문제없어요.

A의 기타 표현

Sono dieci minuti di ritardo, mi dispiace.
저는 10분 늦어요, 미안해요.

▶ rimandare 연기하다

문법

1 주어진 동사를 알맞은 형태의 미래 시제로 바꿔 문장을 완성하세요.

(1) Domani Anna _____ (andare) al cinema con le amiche.

(2) Tu e Mirko _____ (potere) giocare a calcio insieme domani.

(3) Quando Lucia _____ (uscire) di casa, _____ (telefonare) a Maria.

(4) Domani noi _____ (rimanere) a casa tutto il giorno.

(5) Gianni, _____ (venire) al cinema con noi?

2 다음 보기 와 같이 이어질 문장을 찾아 연결하세요.

보기 Questo è il mio ultimo semestre. •

(1) Mi piace molto studiare l'inglese. •

(2) Maria vuole vedere un film. •

(3) Ho una fame da morire! •

• ⓐ Comincerò un corso di inglese.

• ⓑ Andrà al cinema.

• ⓒ Ordinerò subito una pizza.

• ⓓ A febbraio mi laureerò.

★ semestre *m.* 학기, 반년간 | laurearsi 졸업하다 | ordinare 주문하다

3 다음 일정을 보고 질문에 답하세요.

	lunedì	martedì	mercoledì	giovedì	venerdì	sabato
oggi	lezione 9:00~11:00	esame 10:00	pranzo con Silvia	18:00 al cinema	

(1) Dove andrà venerdì sera? → _____

(2) Che cosa farà questo giovedì? → _____

(3) A che ora finirà la lezione di martedì? → _____

듣기 ● 녹음을 듣고 질문에 답하세요.

(1) 마리아가 수업을 마치고 하기로 한 것을 고르세요.

　① 극장에 간다.　　　　　　　　② 도서관에서 공부한다.

　③ 피자를 먹으러 간다.　　　　　④ 쇼핑을 한다.

(2) 로베르토는 오늘 저녁 무엇을 하는지 고르세요.

　① 로젤라와 맥주를 마신다.　　　② 마리아와 데이트를 한다.

　③ 로젤라와 영화를 본다.　　　　④ 피자를 먹으러 간다.

읽기 ● 다음 글을 읽고 질문에 답하세요.

> *Caro Paolo,*
>
> *come stai? Ti scrivo per sapere se sei libero il prossimo sabato. Io* ⓐ _____
> *(festeggiare) il mio compleanno con gli amici. Io* ⓑ _____ *(invitare)*
> *i miei amici dell'università.* ⓒ _____ *(esserci) da bere e da mangiare e,*
> *naturalmente, anche della buona musica. Marco e il mio coinquilino*
> ⓓ _____ *(portare) anche i videogiochi. Devi assolutamente venire!*
> ⓔ *Non vedo l'ora di vederti.*
>
> *Lucia*

(1) ⓐ～ⓓ에 주어진 동사를 알맞은 형태의 미래 시제로 바꾸세요.

　ⓐ _____　　　ⓑ _____

　ⓒ _____　　　ⓓ _____

(2) 위 글의 내용과 일치하는 것을 모두 고르세요.

　① 루치아가 파올로를 생일 파티에 초대하는 글이다.
　② 파올로의 친구들은 게임기를 가져올 것이다.
　③ 마르코와 루치아의 룸메이트가 파티에 올 것이다.
　④ 먹을 것은 각자 가지고 와야 한다.

(3) ⓔ의 뜻을 쓰세요.

　→ _____

★ festeggiare 축하하다 ｜ naturalmente 당연히

스머프 마을 알베로벨로

이탈리아 남부의 아드리아해 연안 풀리아 지방에는 마치 동화 속 마을을 연상시키는 자그마한 도시 알베로벨로(Alberobello)가 자리하고 있습니다. 고대부터 참나무 숲이 우거진 곳이었다 하여 '아름다운 나무 숲'이라는 뜻의 라틴어 '실바 아르보리스 벨리(silva arboris belli)'에서 그 명칭이 유래되었습니다. 알베로벨로가 스머프 마을이라 불리며 관광객의 발길이 끊이지 않는 이유는 이트리아 계곡(Valle d'Itria) 일대에 고대부터 전해 오는 독특한 주거 건축 양식이 존재하기 때문입니다.

트룰리

'트룰리(Trulli)'라고 부르는 이 가옥은 석회암으로 덮여 있는 메마른 언덕 위에 위치한 알베로벨로의 지질학적인 자연환경과 완벽하게 조화를 이룬 건축 양식으로 만들어져 있어 인간의 놀라운 적응력과 능력을 잘 보여 주는 단적인 예입니다. 뼈대 없이 투박한 돌덩어리를 겹쳐 쌓아 몸통을 만들고 '키안카렐레(chiancarelle)' 혹은 '키안케(chianche)'라고 불리는 편평한 회색 석회암을 고깔 모양으로 쌓아 지붕을 올린 것이 특징입니다. 지붕 위에는 십자가, 기하학적인 기호, 예수를 나타내는 조합 문자가 그려져 있습니다. 이러한 문양은 불운을 쫓거나 풍작을 기원하는 주술적 부적인 동시에 염원이 담긴 표식입니다. 알베로벨로의 트룰리는 단순하면서도 독특한 건축 구조로 1996년 유네스코 세계 유산으로 등재되었습니다. 트룰리는 외관상으로 지지하거나 연결하는 장치가 없는 불안정한 구조처럼 보이지만 실제로는 매우 뛰어난 안정감을 자랑합니다. 그리고 벽의 두께와 작은 창문은 건물 내부의 열과 온도를 완벽하게 조절하여 여름에는 시원하고 겨울에는 따뜻합니다.

알베로벨로의 시가지인 몬티 지구와 아이아 피콜라 지구에는 1,500여 개의 트룰리가 온전한 상태로 남아 있습니다. 현재 트룰리는 일반 가정집은 물론 상점과 바, 숙박 시설 등으로도 사용되고 있어 관광객들은 이 원형 돌집에서 숙박을 하거나 쇼핑을 즐기며 내부를 구경할 수 있습니다.

Abbi coraggio!

동영상 강의

- 긍정 명령
- 부정 명령
- 명령문에서의 대명사 위치

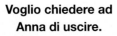

Voglio chiedere ad Anna di uscire.
안나에게 데이트 신청하고 싶어.

Abbi coraggio!
용기를 내!

● 긍정 명령

명령형은 현재 시제로만 존재하며 tu 명령형, Lei 존칭 명령형, voi에 대한 명령형, 이렇게 세 가지가 있습니다. noi 명령은 청유형으로 '~하자'라는 제안을 나타냅니다.

규칙형

	cantare 노래하다	credere 믿다	sentire 듣다, 느끼다	finire 끝내다
tu	canta	credi	senti	finisci
Lei	canti	creda	senta	finisca
noi	cantiamo	crediamo	sentiamo	finiamo
voi	cantate	credete	sentite	finite

Aspetta un attimo! 잠시만 기다려!

Legga il giornale di oggi! 오늘 신문을 읽으세요!

Mangiamo il gelato! (우리) 아이스크림 먹자!

Parlate a bassa voce! (너희들) 작게 말해!

> **참고**
> 주어를 강조하고 싶은 경우 명령형 뒤에 주어를 두면 됩니다.
> **Mangia tu!** 네가 먹어!

불규칙형

	essere ~이다	avere 가지다	stare 지내다	sapere 알다
tu	sii	abbi	sta' (stai)	sappi
Lei	sia	abbia	stia	sappia
noi	siamo	abbiamo	stiamo	sappiamo
voi	siate	abbiate	state	sappiate

	andare 가다	fare ~하다	dire 말하다	venire 오다
tu	va' (vai)	fa' (fai)	di'	vieni
Lei	vada	faccia	dica	venga
noi	andiamo	facciamo	diciamo	veniamo
voi	andate	fate	dite	venite

Abbi pazienza! 인내심을 가져!

Andiamo al cinema! 영화관에 가자!

Dica la verità! 진실을 말하세요!

Ragazzi, **fate** silenzio! 얘들아, 조용히 해!

Mi ha lasciato Fabio.
파비오가 날 떠났어.

Non piangere!
울지 마!

● 부정 명령

부정 명령은 긍정 명령문 앞에 **non**을 붙여 '~하지 마/마세요'라는 의미가 됩니다. 단, tu 명령형의 경우 'non + 동사 원형'의 형태를 갖습니다.

tu	non + 동사 원형	**Non mangiare** troppo! 너무 많이 먹지 마!
Lei		**Non chiuda** le finistre! 창문을 닫지 마세요!
noi	non + 긍정 명령	**Non chiamiamo** Luca! 루카를 부르지 말자!
voi		**Non entrate** in giardino! 잔디에 들어가지 마!

● 명령문에서의 대명사 위치

긍정 명령문에서의 대명사 위치

긍정 명령문에서 대명사는 동사 뒤에 바로 붙어서 위치합니다. 단, Lei 존칭 명령의 경우는 예외적으로 대명사가 동사 앞에 위치합니다. 재귀 대명사 또한 같은 규칙을 따릅니다.

	telefonare a Mario 마리오에게 전화하다	scrivere la lettera 편지를 쓰다	finire il lavoro 일을 끝내다	divertirsi 즐기다
tu	telefona**gli**	scriv**ila**	finisci**lo**	diverti**ti**
Lei	**gli** telefoni	**la** scriva	**lo** finisca	**si** diverta
noi	telefoniamo**gli**	scriviamo**la**	finiamo**lo**	divertiamo**ci**
voi	telefonate**gli**	scrivete**la**	finite**lo**	divertite**vi**

Ascoltami con attenzione! 내 말을 주의 깊게 들어라!

Mi passi l'acqua per favore. 제게 물을 건네주세요.

부정 명령문에서의 대명사 위치

tu 명령형에서 대명사와 재귀 대명사는 동사 앞과 뒤에 모두 위치할 수 있습니다. 대명사가 동사 뒤에 위치할 경우는 동사의 마지막 모음 e가 탈락되고 그 자리에 대명사가 옵니다.

Non prendere il <u>quaderno</u>! 노트를 가져가지 마! → Non prender**lo**! = Non **lo** prendere!
그것을 가져가지 마!

Non preoccupar**ti**! = Non **ti** preoccupare! 걱정하지 마!

> Mi dica, che problema ha?

> Ho la tosse da una settimana e il naso chiuso.

Medico	Mi dica, che problema ha?
Antonio	Ho la tosse da una settimana e il naso chiuso.
Medico	Ha anche la febbre. Hmm... Ha la bronchite.
Antonio	La bronchite?! E quindi?
Medico	Le prescrivo questo antibiotico, una capsula ogni 8 ore. Se la tosse non passa, prenda anche questo sciroppo.
Antonio	D'accordo!
Medico	E mi raccomando, beva molta acqua, eviti le bevande fredde e niente sport per un po'.

의사	말씀하세요. 어디가 아프신가요?
안토니오	일주일째 기침을 하고 코가 막혔어요.
의사	열도 있으시군요. 음… 기관지염이네요.
안토니오	기관지염이요?! 그러면 어쩌죠?
의사	이 항생제를 처방해 드릴게요. 8시간마다 캡슐 하나를 복용하세요. 기침이 멈추지 않으면 이 시럽도 드세요.
안토니오	알겠어요!
의사	그리고 물을 많이 드시고 차가운 음료는 피하시고 당분간 운동은 하지 마세요.

대화 TIP

- **mi raccomando**는 명령문과 함께 쓰여 '꼭 ~해라', '잊어버리지 마'라는 뜻으로 강력하게 당부하는 표현입니다.

  Mi raccomando, tornate presto! 꼭 빨리 돌아와야 해!
  Mi raccomando, chiudi le finestre! 창문 닫는 거 잊지 마!

- **niente**는 주로 동사 뒤에 따라 나와 '아무것도 (아니다/없다)'의 의미를 나타내지만, 명령문이나 안내문에서 명사 앞에 위치할 경우 '금지'의 뜻을 나타내기도 합니다.

  Non ho voglia di fare niente. 나는 아무것도 하고 싶지 않아요.
  Niente pigrizia, oggi! 오늘은 게으름 피우면 안 돼!

새 단어 및 표현

Che problema ha?
무슨 문제가 있나요?

chiuso/a 닫힌, 막힌

bronchite f. 기관지염

quindi 그래서, 그런데

prescrivere 처방하다

antibiotico m. 항생제

capsula f. 캡슐

passare 지나가다, (증상, 통증 등) ~이/가 사라지다

sciroppo m. 시럽

evitare 피하다

D'accordo! 동의해요!, 알겠어요!

bevanda f. 음료

Che cosa devo fare?

Prenda questa pomata e la metta sulle braccia due volte al giorno.

Mina	Da ieri ho questa irritazione alle braccia.
Farmacista	Mi faccia vedere. Le dà molto fastidio?
Mina	Un po'. Mi dà prurito, poi mi fa male la testa.
Farmacista	Sicuramente ha preso un colpo di sole.
Mina	E che cosa devo fare?
Farmacista	Prenda questa pomata e la metta sulle braccia due volte al giorno. E si riposi!
Mina	Grazie.
Farmacista	Per il mal di testa, invece, Le do delle compresse. Ma vada dal dottore, se tra due giorni sta ancora male.

민아	어제부터 팔에 이런 발진이 났어요.
약사	어디 봐요. 많이 불편한가요?
민아	조금요. 가려워요. 그리고 머리가 아파요.
약사	일사병에 걸린 게 틀림없네요.
민아	어떻게 해야 되죠?
약사	이 연고를 받으세요. 이걸 하루에 두 번 팔에 바르세요. 그리고 휴식을 취하세요!
민아	고맙습니다.
약사	두통에는 이 알약을 드릴게요. 이틀 뒤에도 계속 아프면 병원에 가 보세요.

대화 TIP

avere mal di와 같은 '~이/가 아프다'는 표현으로 fare male가 있습니다. 이 경우 의미상 주어는 간접 목적어로 표현하며 아픈 부위가 주어가 됩니다.

Mi fa male la pancia. 나는 배가 아프다.
Mi fanno male i denti. 나는 이가 아프다.

새 단어 및 표현

irritazione f. 염증, 발진, 짜증
fastidio m. 불편, 성가심
prurito m. 가려움
colpo di sole m. 일사병
pomata f. 연고
compressa f. 알약

신체 부위

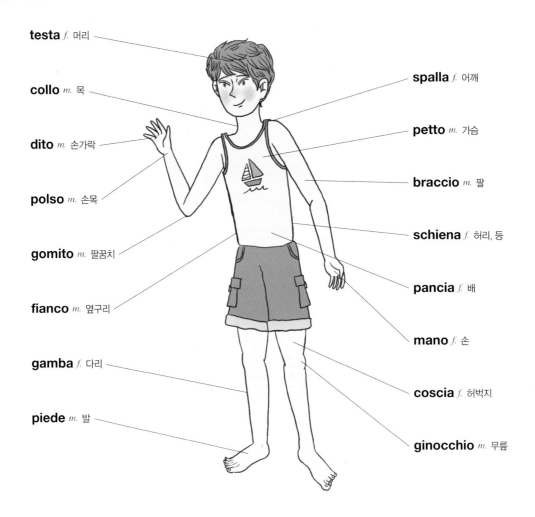

testa *f.* 머리

collo *m.* 목

dito *m.* 손가락

polso *m.* 손목

gomito *m.* 팔꿈치

fianco *m.* 옆구리

gamba *f.* 다리

piede *m.* 발

spalla *f.* 어깨

petto *m.* 가슴

braccio *m.* 팔

schiena *f.* 허리, 등

pancia *f.* 배

mano *f.* 손

coscia *f.* 허벅지

ginocchio *m.* 무릎

의료 관련

medico di base *m.* 주치의
libretto sanitario *m.*, **tessera sanitaria** *f.* 의료 보험증
dermatologo/a 피부과 의사
ortopedico/a 정형외과 의사
cardiologo/a 심장병 전문의
dentista *m.f.* 치과 의사
pediatra *m.f.* 소아과 의사
farmacista *m.f.* 약사
otorino *m.f.* 이비인후과 의사

pronto soccorso *m.* 응급실
ricetta medica *f.* 처방전
antidolorifici, analgesici *m.* 진통제
antibiotici *m.* 항생제
antipiretici *m.* 해열제
antinfiammatori *m.* 소염제
effetti collaterali *m.* 부작용

병원 · 약국에서 사용하는 표현

Vorrei prenotare una visita per il 2 maggio.

Ha la tessera sanitaria?

A 5월 2일에 진료 예약을 하고 싶어요.
B 의료 보험증이 있나요?

Che cos'ha?

Ho una tosse fortissima e il mal di gola.

A 어디가 아프세요?
B 기침이 심하게 나고 목이 아파요.

A의 기타 표현

Che sintomi ha? 증상이 어떤가요?

Ha qualcosa contro il mal di denti?

Prenda questo antidolorifico, due compresse al giorno.

A 치통 약이 있나요?
B 이 진통제를 하루에 2알 드세요.

B의 기타 표현

Prenda questa medicina 30 minuti dopo i pasti.
이 약을 식후 30분에 복용하세요.

▶ contro ~에 반하는

연습 문제 Esercizi

문법 1 주어진 동사를 알맞은 형태의 명령형으로 바꿔 문장을 완성하세요.

(1) Signorina, se Lei è a dieta, _____ (fare) sport e non _____
(mangiare) dolci!

(2) Se andiamo in spiaggia, non _____ (dimenticare) la crema solare!

(3) Matteo, _____ (salire) in macchina! _____ (noi – partire)!

(4) Conoscete la storia di Pinocchio, no? Allora non _____ (dire) bugie!

★ essere a dieta 다이어트 중이다 | crema solare f. 자외선 차단제

2 보기 와 같이 대명사와 결합된 명령문으로 바꾸세요.

보기 Prendi il quaderno! → <u>Prendilo!</u>

(1) Marta, compra il giornale! ⟶ _____

(2) Signora, mangi le fragole! ⟶ _____

(3) Ragazze, dite a Marco la verità! ⟶ _____

(4) Parla a me! ⟶ _____

3 그림을 보고 부정 명령문을 만드세요.

(1) (voi – fotografare) _____

(2) (tu – fumare) _____

(3) (noi – attraversare) _____

(4) (voi – usare il cellulare) _____

● 녹음을 듣고 질문에 답하세요.

088

(1) Quali sono i sintomi di Marco?

　① Tosse e febbre.

　② Mal di testa e naso chiuso.

　③ Ha freddo e starnutisce.

　④ Mal di denti.

(2) Cosa deve fare Marco?

　① Bere molta acqua calda.

　② Prendere delle medicine.

　③ Prendere un po' di vitamina C.

　④ Prendere gli antibiotici.

★ starnutire 재채기하다

● 다음을 읽고 질문에 답하세요.

Dottoressa	Buongiorno, signor Giraldi. Mi dica!
Signor Giraldi	Senta, mi fa male la caviglia.
Dottoressa	Le do una pomata. La metta due volte al giorno. E cerchi di camminare poco.
Signor Giraldi	Ma devo andare a fare un esame!
Dottoressa	Chieda un passaggio al suo amico. Se il dolore alla caviglia non passa, facciamo una radiografia.

(1) 의사가 지랄디 씨에게 조언하지 <u>않은</u> 것을 모두 고르세요.

　① 친구에게 차를 태워 달라고 부탁할 것　　② 연고를 바를 것

　③ 걷지 말 것　　　　　　　　　　　　　④ 시험을 볼 것

(2) 통증이 지속되면 지랄디 씨는 무엇을 할지 쓰세요.

　→ _____

★ caviglia f. 발목 ｜ passaggio m. (차량, 자전거 등) 태워 줌 ｜ radiografia f. X선 촬영

모두가 평등한
이탈리아 의료 보장 제도

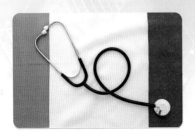

이탈리아는 세계적으로 우수한 의료 복지 체계를 갖추고 있는 나라입니다. 이탈리아의 국민 의료 보험(SSN: Sistema Sanitario Nazionale)은 자국민과 이탈리아 내 합법적으로 거주하는 모든 성인과 아동에게 의료권을 보장합니다. 1978년 12월에 보편성, 평등, 형평성의 세 가지 기본 원칙에 따라 의료 보장 제도를 헌법으로 제정하여 정부 기관에서 직접 관리하고 있습니다. 최근에는 국가 재정 문제로 어려움을 겪고 있지만 이탈리아의 국민 의료 보험은 개인의 소득 수준이나 사회적 지위에 관계없이 전 국민에게 무상 서비스를 동등하게 제공하는 것을 원칙으로 합니다.

국민 의료 보험은 주치의, 소아과(14세 이하), 지속 의료 서비스, 병원(응급실 포함), 지방 의료 시설을 포함합니다. 국민 의료 보험 가입자는 몸이 아플 경우 우선적으로 주치의를 방문합니다. 그러나 예약이 필수이기 때문에 주치의 진료소에 진료 예약을 하고 약속된 시간에 방문해 진료를 받습니다. 주치의의 진료와 처방전 발행은 모두 무료이며 전문의의 진료가 필요한 경우 주치의의 소견서가 필요합니다. 공립 의료 시설 및 종합 병원에서 진료를 받을 경우 ticket이라 불리는 기본 진료비만 내면 됩니다.

수혈이나 수술 등 긴급 조치가 필요한 경우 응급실(Pronto soccorso)을 이용하거나 구급차를 요청할 수 있습니다. 응급실에 도착하면 환자는 중상의 정도에 따라 색상별로 분류되는 선별 코드(codice colore)를 부여받습니다. 환자의 상태가 위급한 경우 우선적으로 치료를 받게 되며 치료비 또한 무료입니다. 즉각적인 치료가 필요한 환자에게는 레드 코드가 부여되며, 10~15분 내로 치료가 필요한 경우는 옐로우 코드, 그 다음으로 생명에 지장이 없는 외상이나 골절의 경우는 그린 코드, 그리고 마지막

으로 주치의가 진료를 해도 무방한 경미한 부상이나 감기 증상일 경우는 화이트 코드가 부여됩니다. 화이트 코드의 경우 진료비가 청구될 수 있습니다.

외국인의 경우에도 이탈리아에서 취업 비자로 체류 허가증을 발급받는 경우 의료 보험 가입이 필수입니다. 학생 비자의 경우는 INA(사설 보험)로 대체할 수 있습니다. 의료 보험 가입 후, 의료 보험 공단에 방문하여 의료 보험증을 발급받고 주치의를 선택하면 이탈리아 국민들이 누리는 의료 혜택을 받을 수 있습니다.

È quello che cercavo!

동영상 강의

- 관계 대명사 che, cui, chi

- 부정어

- 의견 표현하기

Chi è quel ragazzo?
저 아이 누구야?

È Franco che lavora con noi.
우리와 함께 일하는 프랑코야.

● 관계 대명사 che, cui, chi

관계 대명사는 두 개의 문장을 하나로 이어 주는 연결사 역할을 합니다. 관계 대명사가 수식하는 명사나 대명사를 선행사라 부릅니다. 관계절은 항상 뒤에서 선행사를 수식하는 형용사 역할을 합니다.

관계 대명사 che

관계 대명사 che는 주격과 목적격으로만 사용되며 전치사를 동반할 수 없습니다.

Ho conosciuto <u>Carlo</u>. <u>Carlo</u> lavora nel bar. 나는 카를로를 알게 되었다. 카를로는 바에서 일한다.

→ Ho conosciuto Carlo **che** lavora nel bar. 나는 바에서 일하는 카를로를 알게 되었다.

| 주격 | Chi è quella ragazza **che** sta parlando con Luigi? 루이지와 말하고 있는 저 아이는 누구야? |
| 목적격 | Il libro **che** mi hai regalato è molto interessante. 네가 나에게 선물한 책은 무척 재미있어. |

관계 대명사 cui

관계 대명사 cui는 전치사를 동반하거나 소유격으로 사용되며, 형태는 불변입니다. che와는 달리 선행사가 관계절의 주어나 목적어가 되지 않습니다.

전치사 + cui

La persona **di cui** ti ho parlato è Maria. 네게 말했던 사람이 마리아야.

La sedia **su cui** ho lasciato il mio portafoglio è quella. 내가 지갑을 놓아두었던 의자는 저거야.

장소 + in cui = 장소 + dove (관계 부사)

La città **in cui** (= **dove**) abita mia cugina è bellissima.
내 사촌이 사는 도시는 무척 아름답다.

> **주의**
> 관계 대명사 cui가 전치사 a를 동반하는 경우, a는 생략 가능합니다.
> La donna (a) cui ho telefonato è mia moglie.
> 내가 전화를 건 여자는 내 아내이다.

관계 대명사 chi

chi는 '~하는 사람'이라는 뜻으로 이미 선행사를 포함한 관계 대명사입니다. 형태는 불변이고 항상 단수 취급합니다. 주어와 목적어, 보어의 역할이 가능하며 의미에 따라 전치사와 함께 출현 가능합니다.

주어	**Chi** non studia non passa l'esame. 공부하지 않는 사람은 시험을 통과하지 못한다.
목적어	Non mi piace **chi** parla troppo. 나는 말을 많이 하는 사람을 좋아하지 않아.
보어	Andate **con chi** volete! 너희가 원하는 사람과 함께 가!

Che ne pensi di questo film?
이 영화에 대해 어떻게 생각해?

Mi sembra noioso.
내가 보기엔 지루할 것 같아.

● 부정어

막연한 사물이나 사람, 수량을 나타낼 때 쓰이는 부정어에는 '모든'이나 '몇몇의', '약간의' 등의 의미로 뒤의 명사를 꾸며 주는 부정 형용사와 '누군가', '모든 것' 등의 의미를 지닌 부정 대명사가 있습니다.

부정 형용사	항상 단수 명사를 앞에서 수식, 형태 불변
	ogni 모든, ~마다 (빈도를 나타낼 때)　**qualche** 몇 개의, 몇몇의
부정 대명사	**ognuno/a** 모두, 모든 사람　**qualcuno/a** 누군가
	qualcosa 무언가 (형태 불변)
부정 형용사·대명사	**tutto/i/a/e** 모든, 모두　**alcuni/e** 몇몇(의), 약간(의)
	nessuno/a 아무런, 아무도 ~ 않다　**ciascuno/a** 각자의, 누구든지

> **참고**
> alcuno는 qualche와 같은 의미로 쓰일 경우 항상 복수형으로 활용됩니다.

Ogni studente suona il suo strumento. 모든 학생은 자신의 악기를 연주한다.

Qualcuno bussa alla porta. 누군가 문을 두드린다.

Tutti sono d'accordo con lui, ma **nessuno** lo ammette. 모두가 그에게 동의하지만 아무도 인정하지 않는다.

Alcuni miei compagni del liceo vanno all'università. 나의 몇몇 고등학교 친구는 대학에 다닌다.

● 의견 표현하기

'~처럼 보이다', '~인 것 같다'의 의미를 지닌 parere, sembrare 동사를 이용해 주관적인 인상이나 생각, 느낌을 표현할 수 있습니다. 이들 동사의 주어는 화자가 아닌 의견을 표현하는 대상이 됩니다. 그렇기 때문에 동사의 형태는 주로 3인칭 단수나 복수가 됩니다.

(간접 목적 대명사) + **parere/sembrare** +	형용사/부사/명사구	(~이/가 보기에) ~인 것 같다
	di + 동사 원형	

Mi (=A me) **pare** un bravo ragazzo. 내가 보기에 좋은 아이 같아요.

Mi sembra di essere in un sogno. 나는 꿈을 꾸는 것 같아.

A　Che ne pensi di questi piatti? 이 음식들 어떻게 생각해요?

B　**Ogni** piatto **sembra** appetitoso. 모든 음식이 먹음직스러워 보여요.

> **참고**
> 의견을 물을 때 '어떻게 생각해?'라는 의미로 (Tu) Che ne pensi/dici?라는 표현을 쓸 수 있습니다. 여기에서 ne는 '앞서 말한 그것에 대해서'라는 의미입니다.

Stai partendo?

No, sto aspettando un'amica che arriva da Siena.

Sofia	Anche tu stai partendo?
Marco	No, sto aspettando un'amica che arriva da Siena.
Sofia	È la ragazza con cui sei uscito l'altra volta?
Marco	Sì, è lei. Ma senti, stasera pensiamo di vedere l'opera "La boheme". Sai dove si trova il teatro Verdi?
Sofia	Sì, non è lontano, devi andare sempre dritto fino al ponte Mezzo, poi attraversi il ponte, a destra c'è piazza Garibaldi. E in fondo alla piazza troverai il teatro Verdi.
Marco	Grazie.
Sofia	Figurati!

소피아	너도 어디 가는 길이니?
마르코	아니, 나는 시에나에서 오는 친구를 기다리고 있어.
소피아	지난번에 데이트 했던 여자 아이니?
마르코	응, 그 애야. 있잖아, 오늘 저녁 우리는 오페라 "라 보엠"을 보려고 해. 베르디 극장이 어디 있는지 아니?
소피아	응, 멀지 않아. 메쪼 다리까지 쭉 가야 해. 그리고 다리를 건너면 오른쪽에 가리발디 광장이 있어. 광장 끝에 보면 베르디 극장이 있을 거야.
마르코	고마워.
소피아	천만에!

 대화 TIP

Figurati! 혹은 **Si figuri!**는 각각 **tu**와 **Lei** 명령형으로 일상 회화에서 자주 쓰이는 표현입니다. **prego**나 **di nulla**와 같은 뜻으로 '천만에', '별거 아니야'라는 뜻입니다.

A Grazie per il tuo aiuto. 도와줘서 고마워.
B Figurati! 천만에!
A Signore, vuole sedersi? 아저씨, 앉으시겠어요?
B No, si figuri! 괜찮아요!

새 단어 및 표현

l'altra volta 지난번
trovarsi 위치하다
dritto 곧장, 똑바로
ponte m. 다리
in fondo 끝에, 바닥에
piazza f. 광장

Ogni stanza è dotata di terrazzo che dà sull'Arno.

Perfetto, è proprio quello che cercavo!

Antonio	Ho visto un appartamento in affitto sul vostro sito.
Agente immobiliare	Di quale si tratta?
Antonio	Quello in via Manzoni con un parcheggio esterno. Quante camere ci sono?
Agente immobiliare	Ci sono due camere da letto, ma c'è una mansarda che gli attuali proprietari usano come studio. Ogni stanza è dotata di terrazzo che dà sull'Arno. Che ne pensa?
Antonio	Mi sembra perfetto. È proprio quello che cercavo!

안토니오	웹사이트에서 월세로 나온 아파트 하나를 봤어요.
부동산 중개인	어떤 것 말씀이세요?
안토니오	만초니 길에 옥외 주차장이 있는 집이요. 방이 몇 개 있나요?
부동산 중개인	침실은 두 개지만, 현재 사는 사람들이 서재로 이용하는 다락방이 하나 있어요. 각 방에는 아르노 강 전망의 테라스가 있어요. 어떠세요?
안토니오	완벽한 것 같아요. 딱 제가 찾던 집이에요!

대화 TIP

- **dare su**는 '~을/를 향하다'는 뜻으로 전망을 이야기할 때 쓰입니다.
  Abbiamo una stanza che dà sul cortile. 우리는 안뜰 전망의 방을 하나 가지고 있습니다.

- **'quello che** + 주어 + 동사'는 선행사를 포함한 관계 대명사절로 '~하는(한) 것'이라는 뜻으로 쓰입니다. 앞에 **tutto**를 붙이게 되면 '~하는(한) 모든 것'이라는 뜻이 됩니다.
  Dobbiamo ascoltare quello che ci dicono. 우리는 그들이 말하는 것을 들어야 해.
  Farò tutto quello che volete. 너희들이 원하는 모든 것을 할게.

새 단어 및 표현

in affitto 월세, 임대
sito *m.* 웹사이트
Di quale si tratta? 어떤 것에 관한 것인가요?
parcheggio *m.* 주차장
esterno/a 외부의
mansarda *f.* 다락방
attuale 현재의
proprietario/a 소유주, 주인
studio *m.* 서재
dotato di (장비, 가구 등) ~을/를 갖춘

도로와 길

strada

f. 도로

via

f. 길

piazza

f. 광장

ponte

m. 다리

strisce pedonali

f. 횡단보도

incrocio

m. 교차로

marciapiede

m. 인도

fermata dell'autobus

f. 버스 정류장

semaforo

m. 신호등

pedone

m. 보행자

sottopassaggio

m. 지하도

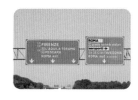

segnale stradale

m. 도로 표지판

vigile/ssa

교통순경

zona traffico limitato (ZTL)

f. 차량 제한 구역

참고

이탈리아 모든 도시의 중심지는 외부 차량 통행이 금지된 '차량 제한 구역(ZTL)'으로 지정되어 있습니다. 거주민 차량, 대중교통, 사전에 허가 받은 차량을 제외하고 진입이 제한됩니다. ZTL을 위반했을 시 80~300 유로 정도의 범칙금이 부과됩니다.

길 묻기

Mi sa dire dov'è la fermata della metro?

Vada sempre dritto e al secondo incrocio giri a sinistra.

A 지하철역이 어디 있는지 말씀해 주시겠어요?

B 쭉 가시다가 두 번째 교차로에서 왼쪽으로 가세요.

Scusi, c'è una farmacia qui vicino?

Deve proseguire per circa cento metri fino al semaforo, poi girare a destra.

A 실례합니다, 이 근처에 약국이 있나요?

B 100미터 정도 쭉 가셔서 신호등에서 오른쪽으로 가세요.

▶ proseguire 계속하다, 나아가다

Posso andare con la macchina in piazza Garibaldi?

No, è zona pedonale.

A 차로 가리발디 광장에 갈 수 있나요?

B 아니요, 보행자 전용 구역이에요.

연습 문제
Esercizi

문법 1 알맞은 관계 대명사를 넣어 문장을 완성하세요.

| cui | che | con cui | tutto quello che | chi |

(1) Ho perso il libro _____ ho comprato ieri.

(2) _____ non ha biglietto non può entrare.

(3) Luisa è la ragazza _____ Marco è uscito ieri sera.

(4) Qual è il motivo per _____ Anna è tornata?

(5) Dimmi _____ sai!

2 보기와 같이 두 문장을 관계 대명사 che를 이용하여 하나로 연결하세요.

보기
Il libro è molto interessante. Sto leggendo un libro.
→ _Il libro che sto leggendo è molto interessante._

(1) Ho perso il cellulare. Mia sorella mi ha regalato un cellulare.

→ _____

(2) Le ragazze sono simpatiche. Mi hai presentato le ragazze sabato sera.

→ _____

(3) Abbiamo ordinato la pizza. La pizza è veramente buona.

→ _____

3 알맞은 부정 형용사 또는 부정 대명사를 아래에서 골라 문장을 완성하세요.

| alcuni | nessun | ogni | qualche | qualcosa |

(1) _____ bambino deve andare a scuola a sei anni.

(2) _____ lavoro è molto interessante, ma altri sono molto noiosi.

(3) _____ studenti giocano a pallacanestro.

(4) Non ho _____ problema di salute.

(5) Voglio mangiare _____ di buono. Ho molta fame.

★ pallacanestro *m.* 농구

● 녹음을 듣고 각 그림에 해당하는 번호를 쓰세요.

(   )   (   )   (   )

읽기

● 다음 글이 안내하는 장소를 아래 지도에서 찾으세요.

Vai sempre dritto fino alla fine della strada, poi giri a sinistra. Quando vedi la chiesa di Santa Maria Maggiore, giri a destra. Prendi una grande strada che si chiama Via Roma e prosegui circa 500 metri e lo troverai alla tua destra.

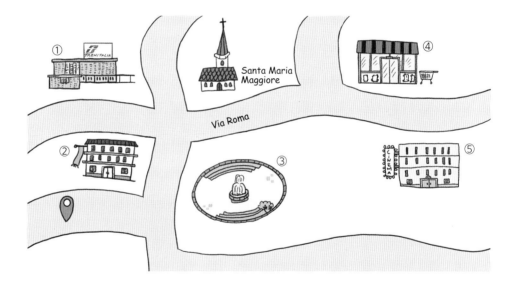

세계에서 가장 작은 나라 '바티칸'

'가톨릭의 심장'이라 불리는 바티칸 시국은 로마 테베레강 서쪽 연안, 바티칸 언덕에 위치합니다. '바티칸'이라는 지명은 '미래를 점치는 사람'이라는 라틴어 바테스(vates)에서 유래되었습니다. 바티칸 시국은 세계에서 가장 작은 나라이지만 국제적으로 막강한 영향력을 지녔으며, 19세기 중반 이탈리아 왕국에 병합되기 전까지 무려 천 년간 로마와 주변 지역에 절대적 권력을 행사했을 정도로 서양사에서 중요한 위치를 차지했습니다.

바티칸 시국은 1929년 2월 이탈리아 정부와 교황청 간에 체결된 '라테란 협정'에 의거하여 건립되었습니다. 라테란 협정으로 이탈리아는 교황을 가톨릭교회의 영적 수장으로 대우했으며, 바티칸 시국을 모든 간섭으로부터 자유로운 독립 주권국으로 인정했습니다. 2022년, 현재의 교황은 2013년 콘클라베(추기경단의 선거회)를 통해 선출된 제266대 교황인 프란치스코(Papa Francesco)입니다.

바티칸 시국은 1982년 유네스코 세계 문화유산에 등재되었습니다. 시국 내에는 보티첼리, 베르니니, 미켈란젤로, 라파엘로 등 르네상스 예술 거장들의 작품이 즐비하며 바티칸 박물관에는 역사상 진귀한 문서들이 보관되어 있습니다. 바티칸 시국의 중심 산 피에트로 광장(Piazza San Pietro)은 건축가 지안 로렌초 베르니니(Gian Lorenzo Bernini)의 설계로 1657년 착공되어 10년 만인 1667년에 완공되었습니다. 산 피에트로 성당을 기준으로 양옆에 반원형의 회랑이 웅장하게 자리 잡고 있습니다. 무려 284개의 거대한 기둥으로 이루어진 두 회랑은 마치 두 팔을 벌려 신자들을 끌어안는 듯한 형상을 하고 있습니다. 광장 중앙에는 거대한 오벨리스크가 하늘을 찌를 듯 솟아 있습니다. 산 피에트로 광장은 종교 의식이 거행되는 중심지로 매주 일요일 교황은 집무실 창문 너머로 광장에 모인 신자들에게 인사를 건네고 삼종 기도를 거행하며 축성의 메시지를 전달하기도 합니다.

산 피에트로 성당은 피에트로 성인에게 봉헌된 대성당으로 일 년 내내 세계 각지에서 온 가톨릭 신자의 행렬이 끊이지 않습니다. 성당 내부에서는 미켈란젤로의 작품인 죽은 예수를 품에 안고 있는 성모 마리아의 모습을 표현한 '피에타'를 감상할 수 있으며, 성당 지하에는 역대 교황들의 무덤이 안치되어 있습니다. 르네상스를 지나 바로크 시대에 이르기까지 120년 역사의 결실인 산 피에트로 성당의 예술적 가치는 말로는 표현할 수 없을 정도라 해도 과언이 아닙니다.

Se farà bel tempo...

동영상 강의

- 대과거
- 과거 진행형
- 현실의 가정문
- 서수

Hai visto Claudio alla stazione ieri?
어제 기차역에서 클라우디오 봤어?

Purtroppo no. Quando sono arrivato, era già partito.
안타깝게도 못 봤어. 내가 도착했을 때, 그는 이미 떠났더라.

● 대과거

대과거는 과거의 어떤 시점보다 앞서서 완료된 동작이나 상태를 표현하는 데 쓰입니다. 즉, 앞서 학습한 근과거와 반과거보다 이전에 일어난 행위를 표현합니다. 대과거는 과거의 연속된 사건의 선후 관계를 나타낼 때 사용되기 때문에 보통 단문으로 쓰이지 않습니다. 형태는 '시제 조동사 essere/avere의 반과거 + 과거 분사'로 근과거와 마찬가지로 자동사인 경우 essere, 타동사인 경우 avere 동사를 이용합니다.

	essere	andare 가다	avere	magiare 먹다
io	ero		avevo	
tu	eri	andato/a	avevi	
lui/lei/Lei	era		aveva	mangiato
noi	eravamo		avevamo	
voi	eravate	andati/e	avevate	
loro	erano		avevano	

Quando Giorgio è arrivato alla stazione, il treno per Londra **era** già **partito**.
조르조가 기차역에 도착했을 때, 런던행 기차는 이미 떠났다.

Sono andato al cinema dopo che **avevo finito** di studiare.
나는 공부를 마친 뒤에 영화관에 갔다.

Luigi mi ha detto che **aveva** già **preso** il caffè.
루이지는 이미 커피를 마셨다고 말했다.

> **참고**
> 대과거는 시간 차가 나는 과거의 두 가지 사건을 다루기 때문에 quando, che, dopo che 등으로 연결된 복문에서 주로 쓰입니다.

● 과거 진행형

과거 진행형은 과거의 한 시점에 진행 중이었던 동작을 나타내며 '~하는 중이었다', '~하고 있었다'라는 의미입니다. 형태는 현재 진행형과 마찬가지로 stare 동사와 제룬디오를 결합한 'stare 반과거 + 제룬디오'입니다.

> **stare** 반과거 + **제룬디오**

A Che cosa **stavi facendo** stamattina lì? 오늘 아침에 거기에서 뭐 하고 있었니?

B **Stavo facendo** ginnastica con mio marito. 남편과 운동을 하고 있었어.

Che fai domani?
내일 뭐 해?

**Se farà bel tempo,
andrò al mare.**
날씨가 좋으면 바다에 갈 거야.

● 현실의 가정문

가정법은 'se 가정절, 주절(귀결절)'로 이루어져 있는데 se를 동반하는 가정절이 실현 가능한 조건이고 주절(귀결절)이 분명이 일어날 상황이거나 가능성이 높을 때 다음과 같이 가정문을 만들 수 있습니다.

① Se 직설법 현재/미래, 직설법 현재/미래: 만약 ~라면, ~할 것이다

se 주절과 종속절의 시제가 반드시 일치하지 않는 경우도 가능합니다. 의미에 따라 현재와 미래 시제를 선택적으로 사용할 수 있습니다.

Se piove, rimango a casa. 만약 비가 오면 나는 집에 있을게.
Se farà bel tempo, **andrò** al mare. 만약 날씨가 좋으면 나는 바다에 갈 거야.

② Se 직설법 현재, 명령법: 만약 ~라면, ~하세요!
Se sei stanco, **riposati!** 만약 피곤하면, 쉬어!

> **참고**
> se 가정절과 주절(귀결절)의 순서가 바뀌어도 상관없습니다.
> Ti accompagno se mi chiedi.
> 네가 부탁한다면 너를 데려갈게.

● 서수

순서를 나타내는 서수는 가리키는 명사의 성·수에 일치해야 하며, 보통 정관사를 동반합니다. 서수는 층수를 나타내거나 분수를 표현할 때 자주 쓰입니다.

1°/a	2°/a	3°/a	4°/a	5°/a
primo/a	secondo/a	terzo/a	quarto/a	quinto/a
6°/a	7°/a	8°/a	9°/a	10°/a
sesto/a	settimo/a	ottavo/a	nono/a	decimo/a

Abito al **terzo** piano. 나는 3층에 산다.

Prenda la **seconda** strada a destra! 오른쪽 두 번째 길로 가세요!

Beviamo un **quarto** litro di latte. 우리는 우유 1/4리터를 마신다.

> **참고**
> 분수를 표현할 때는 분모는 서수를 분자는 기수를 사용합니다. 순서는 '분자 + 분모'입니다. 서수는 분자가 2 이상일 경우 복수형으로 씁니다.
> 2/3 due terzi

Quando sono arrivato in biglietteria, tutti i biglietti erano già esauriti.

Che sfortuna!

Mina	Non sei uscito?
Luca	No. Stasera sono a casa. Stavo guardando la partita di calcio.
Mina	Volevi andare allo stadio a vedere la partita della Juventus.
Luca	Sì, ma non ce l'ho fatta a trovare il biglietto.
Mina	Ma come?!
Luca	Quando sono arrivato in biglietteria, tutti i biglietti erano già esauriti. Questa volta volevo guardarla allo stadio in mezzo ai tifosi...
Mina	Che sfortuna!

민아	너 안 나갔어?
루카	응, 오늘 저녁에는 집에 있어. 축구 경기를 보고 있었어.
민아	경기장에 가서 유벤투스 경기를 보고 싶어 했잖아.
루카	맞아, 그런데 티켓을 구하지 못 했어.
민아	어째서?!
루카	내가 매표소에 갔을 때 이미 모 든 티켓이 매진이었어. 이번에 는 경기장에서 팬들에 둘러싸여 경기를 보고 싶었는데….
민아	운이 없었구나!

대화 TIP

'ce l'ho fatta a + 동사 원형'은 '～을/를 해 냈다'는 표현입니다. 'a + 동사 원형' 없이 단독으로 사용도 가능합니다. 인칭 변형은 가운데 **avere** 동사만 해 주면 됩니다.

Ce l'ho fatta! 내가 해 냈어!
Ce l'abbiamo fatta a superare l'esame! 우리는 시험을 통과했어!

새 단어 및 표현

stadio *m.* 경기장
partita *f.* 시합, 경기
esaurito/a 매진된
in mezzo a ～에 둘러싸여
tifoso/a 팬, 지지자
Che sfortuna! 운이 없었구나!

196

Potrò trovare almeno la mia carta d'identità?

Speriamo! Se la ritrovano ti faranno sapere.

Mina	Ho perso il mio portafoglio. È già la seconda volta.
Antonio	Ma dove?
Mina	Forse me l'hanno rubato sull'autobus.
Antonio	C'era qualcuno di sospetto vicino a te?
Mina	Non mi ricordo...
Antonio	Dovresti andare subito a denunciare il furto. Se vuoi, ti accompagno alla stazione di polizia.
Mina	Potrò trovare almeno la mia carta d'identità?
Antonio	Speriamo! Se la ritrovano ti faranno sapere.

민아	지갑을 잃어버렸어요. 벌써 두 번째예요.
안토니오	대체 어디서?
민아	아마도 버스에서 도난당한 것 같아요.
안토니오	네 근처에 수상쩍은 사람이 있었니?
민아	기억이 안 나요….
안토니오	즉시 절도 신고를 해야 할 것 같구나. 네가 원한다면 경찰서에 함께 가 주마.
민아	적어도 제 신분증은 찾을 수 있겠죠?
안토니오	그러길 바라자! 그들이 그것을 찾으면 네게 알려 줄 거란다.

대화 TIP

• 복합 시제에서 목적 대명사는 시제 조동사 앞에 위치하고 avere 동사의 동사 변형 앞에 직접 목적 대명사 lo, la가 올 경우, l'ho, l'hai, l'ha, l'abbiamo, l'avete, l'hanno로 축약됩니다.

A Dove hai messo il mio libro? 내 책 어디에 두었어?
B L'ho messo sul tavolo. 탁자 위에 두었어.

• far sapere는 '알려 주다'라는 뜻입니다. far는 fare 동사의 마지막 어미가 탈락한 형태이고 여기에서는 '~하게 만들다'는 의미의 사역 동사입니다. 두 동사로 이루어졌지만 하나의 동사처럼 알아두길 바랍니다.

Ti faccio sapere se lo trovo. 그것을 찾으면 너에게 알려 줄게.
Fammi sapere entro stasera! 오늘 밤 안으로 나에게 알려 줘!

새 단어 및 표현

forse 아마도
rubare 훔치다
sospetto 수상쩍은, *m.* 의심
ricordarsi 기억하다
denunciare 신고하다
furto *m.* 절도, 도난
almeno 적어도
carta d'identità *f.* 신분증
Speriamo! 그렇게 되길 바라자!
ritrovare 되찾다

기관 및 장소 명칭

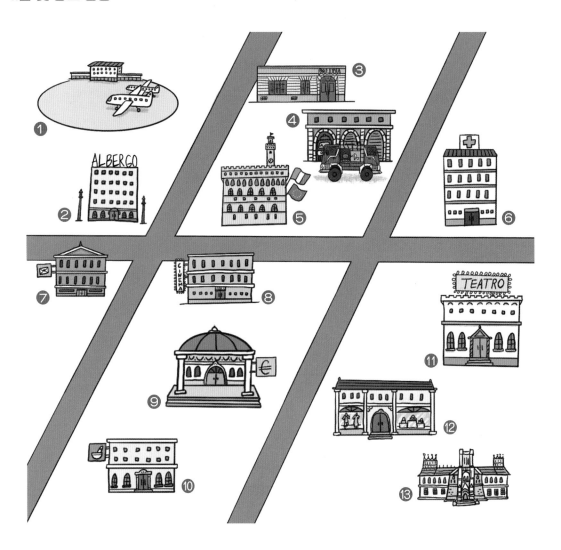

① **aeroporto** *m.* 공항

② **albergo, hotel** *m.* 호텔

③ **stazione di polizia** *f.* 경찰서

④ **vigili del fuoco** *m.* 소방서

⑤ **Municipio, Comune** *m.* 시청

⑥ **ospedale** *m.* 병원

⑦ **posta** *f.*, **ufficio postale** *m.* 우체국

⑧ **cinema** *m.* 영화관

⑨ **banca** *f.* 은행

⑩ **farmacia** *f.* 약국

⑪ **teatro** *m.* 극장

⑫ **centro commerciale** *m.* 쇼핑센터

⑬ **università** *f.* 대학교

긴급 상황 발생 시

Che cos'è successo?

Mi hanno rubato la borsetta.

A 무슨 일이세요?
B 핸드백을 도난당했어요.

B의 기타 표현

Ho perso il portafoglio.
지갑을 잃어버렸어요.

Vorrei denunciare un furto.
도난 신고를 하고 싶어요.

Chiamate un'ambulanza!

Chiamate la polizia!

A 응급차를 불러 주세요!
B 경찰을 불러 주세요!

Chiamate i pompieri!

Al fuoco!

A 불이야!
B 소방관을 불러 주세요!

▶ pompiere *m.* 소방관

Faccia attenzione!

Aiuto!

A 조심하세요!
B 도와줘요!

A의 기타 표현

Attenzione! 조심해요!
Attento! 조심해요!

1 주어진 동사를 알맞은 형태의 대과거 시제로 바꿔 문장을 완성하세요.

(1) Quando Claudio è arrivato alla stazione, il treno _____ già _____ (partire).

(2) Quando siamo arrivati al cinema, lo spettacolo _____ (iniziare) da cinque minuti.

(3) Avevano mal di pancia perché _____ (mangiare) troppe ciliegie.

(4) Sono andata a letto dopo che _____ (finire) i compiti.

(5) Siccome _____ (dimenticare) il portafoglio, non ho potuto pagare il conto.

2 주어진 동사를 알맞은 형태의 과거 진행형으로 바꿔 문장을 완성하세요.

(1) Cosa _____ (tu – fare) ieri sera?

(2) Di chi _____ (voi – parlare)?

(3) Io _____ (aspettare) l'autobus quando Luigi mi ha telefonato.

(4) Io e i miei amici _____ (guardare) la partita di calcio.

3 빈칸에 알맞은 서수를 넣으세요.

(1) 3학년 → _____ anno

(2) 5층 → _____ piano

(3) 3/4 → _____

(4) 6번째 → _____ volta

098

● 녹음을 듣고 상황에 알맞은 표현을 아래에서 고르세요.

ⓐ Chiami un'ambulanza!
ⓑ Chiami i pompieri!
ⓒ Chiami la polizia!

(1) (   )

(2) (   )

(3) (   )

● 다음 메일을 읽고 질문에 답하세요.

Cara Susanna,

ieri sono arrivata a Roma. Stamattina ho visitato il centro di Roma e devo dire
che è davvero una città con molti monumenti antichi. A pranzo sono andata
con dei miei amici a mangiare in un ristorante in cui cucinano dell'ottimo
pesce, ma come tu ben sai, a me il pesce non piace, infatti ho ordinato una
pizza ed era davvero molto buona. Se domani farà bel tempo come oggi,
andrò a vedere il Colosseo, ma se piove, visiterò i musei vaticani di ammirare i
capolavori di Michelangelo.

Emma

(1) 위 내용과 일치하는 것을 고르세요.
① 엠마는 오늘 아침 로마에 도착했다.
② 엠마와 친구들은 점심으로 피자를 먹었다.
③ 수잔나는 엠마가 생선 요리를 좋아하지 않는 것을 안다.
④ 엠마는 콜로세움을 방문했다.

(2) 내일 비가 오면 엠마는 무엇을 할 예정인지 쓰세요.

→ _____

★ ammirare 감탄하다, 감상하다

이탈리아 국민 스포츠, 축구

이탈리아에서 축구는 이탈리아 대부분의 국민들이 열정을 쏟는 문화 중 하나입니다. 이탈리아 리그(세리에 A)나 유럽 선수권 대회(UEFA) 시즌이 되면 많은 사람들의 관심은 온통 축구 경기로 쏠립니다. 집이나 바에 삼삼오오 모여 가볍게 맥주를 마시며 경기를 관람하는데 월드컵 시즌을 방불케 할 정도로 열띤 응원이 이어집니다. 이러한 열정이 국제적인 대회나 세리에 A와 같은 최상위 리그에만 국한된 것이 아니라 차위, 하위 리그에도 이어지는 모습을 통해 이탈리아에서 축구는 엄연히 국민 스포츠로서의 위상을 차지하고 있다는 것을 실감할 수 있습니다.

근대에 이르기까지 수많은 도시 국가로 나뉘어 각 도시가 독립적인 자치권을 행사하던 역사적인 배경 탓에 이탈리아의 축구에는 지역 감정이나 민족주의가 강하게 담겨 있습니다. 과거에는 과격한 훌리건의 등장으로 소규모의 폭력 사태가 종종 나타나기도 했지만 국민 의식의 성장과 함께 점차 줄어들었습니다. 이탈리아인들은 어렸을 때부터 자연스레 축구를 접하고 협동 정신과 경쟁심을 배우며 축구와 함께 성장합니다. 그만큼 이탈리아 사람들에게 축구는 단순한 취미나 관람의 의미를 넘어선 지 오래이며, 자랑스러운 전통이자 국민성을 규정짓는 핵심적인 문화라고 할 수 있습니다.

이탈리아 프로 축구 리그는 1890년에 시작되었고 1905년 국제 축구 연맹(FIFA)에 가입해 지역 기반 리그 형식을 구축했습니다. 1차 세계 대전 이후 축구 인구가 증가하면서 규모가 확대되기 시작했으며, 우여곡절 끝에 이탈리아 국가 대표 축구팀은 월드컵에서 총 4회나 우승을 차지하면서 세계적인 강호의 자리를 꿰차게 되었습니다. 국가 대표 팀은 'Gli azzurri(푸른 군단)'이라 불리며 유니폼과 엠블럼 또한 파란색인데, 이는 1946년까지 이탈리아를 통치하던 사보이 왕가의 문장에서 유래되었습니다. 사보이 왕가 문장의 테두리 색인 파란색은 이탈리아 왕실의 공식 색상으로 채택되었으며 이탈리아 왕국이 사라진 오늘날에도 여전히 국가를 대표하는 색상으로 쓰이고 있습니다. 현재 이탈리아 대표팀의 엠블럼은 파란색 바탕에 이탈리아 국기의 삼색이 들어가 있으며 통산 4번의 우승을 상징하는 4개의 별이 그려져 있습니다.

Vorrei un cappuccino, per favore.

동영상 강의

● 조건법 현재

● 조건법 과거

● 부분 대명사 ne

Cosa desidera?
무엇을 드릴까요?

Vorrei un tè al limone, per favore.
레몬차 한 잔 주세요.

● 조건법 현재

조건법에는 현재와 과거 두 가지 시제가 있습니다. 조건법 현재는 현재나 미래 사실을 나타내며, 화자의 희망을 표현하거나 개인적인 의견이나 충고를 완곡하고 정중하게 표현할 때 직설법 대신 사용됩니다.

규칙형: -are 동사는 -ere 동사와 같은 어미 변화를 하는 것이 특징입니다.

	tornare 돌아오다	prendere 타다, 먹다	finire 끝내다
io	tornerei	prenderei	finirei
tu	torneresti	prenderesti	finiresti
lui/lei/Lei	tornerebbe	prenderebbe	finirebbe
noi	torneremmo	prenderemmo	finiremmo
voi	tornereste	prendereste	finireste
loro	tornerebbero	prenderebbero	finirebbero

불규칙형: 조건법 현재의 불규칙형은 단순 미래 불규칙 형태와 유사합니다.

단순 미래 불규칙 동사 어간 + 조건법 현재 어미 **(-rei / resti / rebbe / remmo / reste / rebbero)**

essere ~이다	sarei	volere ~ 원하다	vorrei
avere 가지다	avrei	venire 오다	verrei
dovere ~해야 한다	dovrei	tenere 유지하다	terrei
potere ~할 수 있다	potrei	rimanere 머물다	rimarrei
andare 가다	andrei	stare 지내다	starei
sapere 알다	saprei	fare ~하다	farei
vedere 보다	vedrei	dare 주다	darei

용법

바람이나 희망	**Vorrei** viaggiare in tutto il mondo. 나는 전 세계를 여행하고 싶어.
정중한 요청	**Potrebbe** chiudere la finestra, per favore? 창문을 좀 닫아 주시겠어요?
완곡한 충고	Non **dovreste** comportarvi così. 너희들은 그렇게 행동하면 안 될 것 같아.
확인되지 않는 사실	A Chi è? 누구야?　　B **Dovrebbe** essere mia madre. 우리 엄마일 거야.

Quanti libri hai?
너는 책을 몇 권 가지고 있니?

Ne ho due.
두 권 가지고 있어.

● 조건법 과거

조건법 과거는 '시제 조동사 essere/avere의 조건법 현재 + 과거 분사' 형태를 취합니다. 과거에 실현할 수 없었거나 현재나 미래에 실현 불가능한 사실이나 희망을 표현할 때 쓰입니다. 이외에 과거 속의 미래와 가정문에서 사용됩니다.

	essere	andare 가다	avere	finire 끝내다
io	sarei		avrei	
tu	saresti	andato/a	avresti	
lui/lei/Lei	sarebbe		avrebbe	finito
noi	saremmo		avremmo	
voi	sareste	andati/e	avreste	
loro	sarebbero		avrebbero	

용법

① 과거에 실현되지 않은 사실이나 행위

Ti **avrei telefonato**, ma il mio cellulare era scarico.

네게 전화를 했을 텐데(하지 못했어), 휴대폰 배터리가 없었거든.

② 현재나 미래에 실현 가능성이 없는 사실이나 행위

Sarei rimasto con voi, ma devo proprio andare. 너희와 함께 있고 싶은데, 나 정말 가 봐야 해.

③ 과거 속의 미래

Marta mi ha detto che **sarebbe tornata** presto. 마르타는 내게 금방 돌아올 거라고 말했다.

● 부분 대명사 ne

ne는 수량의 일부를 나타낼 때 쓰이는 부분 대명사로 엄밀히 따지면 'di + 사물/사람' 형태로 쓰여 '~중에'를 의미합니다. 앞서 언급된 사물이나 사람 전체가 아닌 그것(들) 중 일부를 취할 때 사용됩니다.

A Quanti libri compri? 책 몇 권 살 거야?

B **Ne** compro <u>due</u>. = Compro due libri. 두 권 살게.

> **참고**
> 직접 목적 대명사인 lo, la, li, le와 ne의 차이점은 전자는 앞서 언급된 명사 전체를 받고, 후자는 그중 일부를 취한다는 것입니다.

Buongiorno. Desidera?

Vorrei un cappuccino.

Barista	Buongiorno. Desidera?
Sofia	Vorrei un cappuccino e ci sono i cornetti?
Barista	Sì, ce li abbiamo: quelli alla cioccolata, quelli vuoti e quelli in fondo sono con la marmellata di albicocche.
Sofia	Ne prendo uno alla cioccolata e potrei avere anche un bicchiere d'acqua?
Barista	Certo! Arrivo subito.
Sofia	Quant'è in tutto?
Barista	Sono 3 euro e 50.

바리스타	안녕하세요. 무엇을 드릴까요?
소피아	카푸치노 한 잔 주세요. 그리고 크로와상 있나요?
바리스타	네, 초콜릿이 든 것과 속이 빈 크로와상이 있고 안쪽에 있는 것은 살구잼이 든 크로와상이에요.
소피아	저는 초콜릿 크로와상 하나 먹을게요. 그리고 물 한 잔도 마실 수 있을까요?
바리스타	물론이죠! 금방 드릴게요.
소피아	전부 얼마인가요?
바리스타	3유로 50센트예요.

> **참고**
> Arrivo subito.는 '금방 올게요.'라는 뜻이지만 '(주문한 것을) 바로 준비해 드릴게요.'라는 의미로도 자주 사용됩니다.

대화 TIP

ce li abbiamo와 같이 '~을/를 가지고 있다'는 뜻의 avere 동사와 직접 목적 대명사 lo, la, li, le가 함께 쓰일 경우 접어 ci를 동반하게 됩니다. '나는 그것을 가지고 있다'라고 할 때는 ce l'ho / l'hai / l'ha / l'abbiamo / l'avete / l'hanno라고 합니다. ci 다음에 직접 목적 대명사가 올 경우 ci는 ce의 형태로 변화합니다.

A　Hai una macchina? 너 차 있니?
B　Sì, ce l'ho. 응, (그것을) 가지고 있어.

새 단어 및 표현

cornetto *m.* 크로와상
vuoto/a 비어 있는, 공허한
in fondo 안쪽에, 바닥에
marmellata *f.* 잼
albicocca *f.* 살구

Volete ordinare?

Vorremmo dare
un'occhiata al menu.

Cameriere	Volete ordinare?
Marta	Vorremmo dare un'occhiata al menu. Qual è il piatto del giorno?
Cameriere	Bistecca di manzo.
Marta	Allora ci porti una bistecca di manzo ben cotta e una cotoletta alla milanese con insalata.

Dopo un po'...

Cameriere	Tutto a posto? Desiderate ancora qualcos'altro?
Marta	La cameriera ha detto che ci avrebbe portato il tiramisù, ma non è ancora arrivato.
Cameriere	Ah... mi dispiace, ma non ce n'è più.

웨이터   주문하시겠어요?

마르타   메뉴를 좀 볼게요. 오늘의 요리는 무엇인가요?

웨이터   비프 스테이크예요.

마르타   그러면 완전히 익힌 비프 스테이크와 샐러드를 곁들인 밀라노식 커틀릿을 가져다주세요.

잠시 후...

웨이터   맛있게 드셨나요? 뭘 더 드시겠어요?

마르타   웨이트리스가 티라미수를 가져다준다고 했는데 아직도 나오지 않았어요.

웨이터   아… 죄송하지만 티라미수가 다 떨어졌네요.

참고

고기 굽기 정도(cottura)
• ben cotta 완전히 익힌
• media 적당히 익힌
• al sangue 덜 익힌

새 단어 및 표현

ordinare 주문하다
bistecca *f.* 스테이크
manzo *m.* 소고기
cotoletta *f.* 커틀릿
Tutto a posto.
모든 것이 괜찮다. (= 문제없다.)
Desiderate ancora qualcos'altro?
더 원하시는 게 있나요?
tiramisù *m.* 티라미수

대화 **TIP**

dare un'occhiata a는 '살펴보다', '슬쩍 보다', '∼을/를 계속 지켜보다'는 뜻이 있습니다.

Vorrei dare un'occhiata al catalogo. 카탈로그를 살펴보고 싶어요.
Dai un'occhiata un attimo ai bambini? 아이들을 잠시 봐 줄래?

테이블 세팅

① **tovagliolo** *m.* 냅킨

② **forchetta da pesce** *f.* 생선용 포크

③ **forchetta da carne** *f.* 육류용 포크

④ **forchetta da insalata** *f.* 샐러드용 포크

⑤ **piatto fondo da minestra** *m.* 수프용 그릇

⑥ **piatto piano** *m.* 첫 번째 요리 접시

⑦ **sottopiatto** *m.* 두 번째 요리 접시

⑧ **coltello da carne** *m.* 육류용 나이프

⑨ **coltello da pesce** *m.* 생선용 나이프

⑩ **cucchiaio da minestra** *m.* 수프용 숟가락

⑪ **coltello da burro** *m.* 버터 나이프

⑫ **piattino per il burro o il pane** *m.* 버터나 빵 접시

⑬ **cucchiaio da dessert** *m.* 후식용 숟가락

⑭ **forchetta da dessert** *f.* 후식용 포크

⑮ **bicchiere per l'acqua** *m.* 물 잔

⑯ **bicchiere da vino bianco** *m.* 화이트 와인 잔

⑰ **bicchiere da vino rosso** *m.* 레드 와인 잔

참고
이탈리아 정찬 코스 식사 순서는 다음과 같습니다.
① antipasto: 애피타이저
② primo piatto: 첫 번째 요리로 파스타나 리조또 요리
③ secondo piatto: 두 번째 요리로 고기나 생선 요리
   contorno: 두 번째 요리에 곁들여 먹는 사이드디쉬, 샐러드나 감자튀김 등
④ dolce: 후식

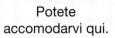
메뉴 주문 및 계산하기

Avete un tavolo
per due?

Potete
accomodarvi qui.

A   2명 자리가 있나요?
B   여기 앉으세요.

▶ accomodarsi 앉다, 편히 쉬다

Siete pronti per
ordinare?

Sì, abbiamo deciso.

A   주문하시겠어요?
B   네, 결정했습니다.

B의 기타 표현

Ancora un minuto, per favore.
조금만 더 기다려 주세요.

Ci può suggerire qualcosa?
(음식을) 추천해 주시겠어요?

Per primo, che
cosa c'è?

Abbiamo degli
spaghetti con le
vongole.

A   첫 번째 요리로 무엇이 있나요?
B   봉골레 스파게티가 있습니다.

A의 기타 표현

Avete piatti vegetariani?
채식주의 요리가 있나요?

Ecco il vostro conto.

Possiamo
pagare con carta
di credito?

A   계산서 여기 있습니다.
B   신용 카드로 계산해도 될까요?

B의 기타 표현

Possiamo pagare
separatamente?
각자 계산해도 될까요?

문법

1 주어진 동사를 알맞은 형태의 조건법으로 바꿔 문장을 완성하세요.

(1) Noi _____ (volere) sapere a che ora parte il prossimo treno per Napoli.

(2) Mi _____ (piacere) bere una cioccolata calda con panna.

(3) Secondo le previsioni meteo, domani _____ (dovere) fare bel tempo.

(4) Carla ha detto che _____ (arrivare) presto, invece ancora non c'è.

(5) L' _____ (fare), ma non avevo il telefono con me!

2 대명사 lo, la, li, le, ne 중 알맞은 것을 넣어 문장을 완성하세요.

(1) A Chi compra le olive?

B _____ compra Francesca.

(2) A Tu bevi molta acqua?

B Sì, _____ bevo almeno due litri al giorno.

(3) A Hanno incontrato gli amici?

B Sì, _____ hanno incontrat _____ ieri.

(4) A Hai comprato i biglietti per il concerto?

B Sì, _____ ho comprat _____ quattro.

3 주어진 상황에 대한 충고로 알맞은 것을 연결하세요.

(1) Ho mal di denti! •

(2) Devo fare molti compiti, ma • non riesco a concentrarmi.

(3) Ho fame, ma non ho niente • nel frigorifero!

(4) Ho sonno. •

(5) Sono nervoso per l'esame • di domani!

• ⓐ Al posto tuo, io andrei subito a dormire.

• ⓑ Al posto tuo, Marco andrebbe al ristorante.

• ⓒ Al posto tuo, noi berremmo una camomilla.

• ⓓ Al posto tuo, io sarei già andato dal dentista.

• ⓔ Al posto tuo, Anna andrebbe a studiare in biblioteca.

★ al posto tuo 너의 입장이라면 | camomilla *f.* 카모마일

● 녹음을 듣고 질문에 답하세요.

103

(1) 손님이 주문하지 <u>않은</u> 음료를 고르세요.

① un bicchiere d'acqua　　　② un bicchiere di vino

③ un caffè macchiato　　　④ un cornetto

(2) 손님은 어떤 크로와상을 골랐나요?

① alla crema　　　② alla marmellata

③ alla cioccolata　　　④ Niente

● 빈칸에 알맞은 문장을 아래에서 찾아 대화를 완성하세요.

① E da bere?

② Un'insalata mista per favore.

③ Certo, potete accomodarvi qui.

④ Volete ordinare?

⑤ A posto così. Ci può portare il conto?

Cliente　　Scusi, c'è un tavolo libero? Siamo in due.

Cameriere　(1) _____
　　　　　Ecco il menù.

Dopo qualche minuto...

Cameriere　(2) _____

Cliente　　Vorremmo gli spaghetti alla carbonara e le lasagne al pesto.

Cameriere　Come contorno che cosa prendete?

Cliente　　(3) _____

Cameriere　(4) _____

Cliente　　Una bottiglia di acqua minerale, grazie.

Cameriere　Desiderate un dolce? Il caffè?

Cliente　　(5) _____

★ insalata mista *f.* 혼합 샐러드 ｜ conto *m.* 계산서

이탈리아 각 지역에서 꼭 맛봐야 할 음식

이탈리아는 1861년 통일을 이루기까지 수 세기 동안 수많은 자치 도시로 분리되어 있었으며
국토의 75%가 산악 지대로 이루어진 폐쇄적인 지형 탓에 지역마다 뚜렷한 특색을 띄게 되었습니다.
마찬가지로 이탈리아 지역마다 현지 특산물로 만들어진 다양한 요리가 존재합니다.
다양한 특색의 음식은 이탈리아 여행의 즐거움을 배로 더해 줍니다.

북부의 대표 도시 밀라노의 전형적인 요리는 리조또 알라 밀라네세(risotto alla milanese)입니다. 팬에 올리브유와 버터, 다진 양파, 마늘을 넣고 쌀을 넣은 다음, 샤프란을 넣어 끓인 닭 육수를 조금씩 부어 가며 재료를 익히는 요리입니다.
또한 북부 리구리아 지방의 제노바나 칭퀘 테레를 방문할 일이 있으면 잊지 않고 맛봐야 하는 요리가 페스토(pesto)입니다. 페스토는 신선한 바질 잎과 올리브유, 잣, 마늘, 파마산 치즈, 페코리노 치즈를 함께 갈아 만든 초록색 소스로 다양한 종류의 파스타와 버무려 먹으면 맛이 일품입니다. 이제는 지역을 막론하고 집에서 조리하는 이탈리아 대표 요리로 자리를 잡았습니다.

중부에는 로마의 대표적인 음식 까르보나라(carbonara)가 있습니다. 로마에서 탄생한 까르보나라는 달걀과 베이컨을 기본 재료로 하며 조리법이 매우 간단해 누구나 쉽게 요리할 수 있습니다. '까르보나라'라는 명칭은 이탈리아의 아펜니노 산맥에서 석탄을 캐던 광부(carbonaio)들이 즐겨 먹었다는 것에서 유래된 이름이라고 전해집니다.

이탈리아 음식하면 이탈리아 요리의 여왕이라 불리는 피자가 가장 먼저 떠오릅니다. 이탈리아 구석구석 피자집이 없는 곳이 없지만 캄파냐 주의 나폴리에 가면 정통 이탈리아 피자를 맛볼 수 있습니다. 사보이의 마르게리타 여왕을 위해 만든 피자라 하여 이름이 붙여진 마르게리타 피자(pizza Margherita)는 전형적인 나폴리 피자로 토마토의 빨강색과 모짜렐라 치즈의 흰색, 바질의 녹색이 어우러져 이탈리아의 국기를 연상시키는 것이 특징입니다.

È necessario fare sport.

- 수동태

- si를 이용한 수동태

- 비인칭 구문

Da chi è stato composto "l'Aida"?
"아이다"는 누구에 의해 작곡됐어요?

Da Giuseppe Verdi.
주세페 베르디예요.

● **수동태**

수동태는 주어보다 목적어를 강조하고자 할 때 사용되는 문법이기 때문에 목적어를 취하는 타동사로 만들 수 있습니다. 이때 능동문의 목적어가 수동문의 주어가 되고 동사는 'essere + 타동사의 과거 분사'의 형태가 됩니다. 과거 분사는 주어의 성·수에 일치시킵니다. 행위의 주체를 나타낼 필요가 있을 경우에는 'da + 행위주'로 표현합니다.

> **essere +** 과거 분사 **+ da +** 행위주

① 단순 시제

Molti lettori   leggono   "Il Nome della rosa". 많은 독자들이 "장미의 이름"을 읽는다.

"Il Nome della rosa" **è letto da** molti lettori. "장미의 이름"은 많은 독자들에 의해 읽힌다.
= "Il Nome della rosa" **viene letto da** molti lettori.

> 참고
> 단순 시제의 경우, essere 대신 'venire + 과거 분사'도 가능합니다.

② 복합 시제

La polizia   ha arrestato   i ladri. 경찰이 도둑들을 체포했다.

I ladri **sono stati arrestati dalla** polizia. 도둑들은 경찰에게 체포되었다.

Chi   ha dipinto   "La Gioconda"? 모나리자는 누가 그렸어요?

Da chi **è stata dipinta** "La Gioconda"? 누구에 의해 모나리자가 그려졌나요?

③ 필요성과 의무를 나타내는 수동문의 경우는 'andare + 과거 분사' 형태를 사용할 수 있습니다.

Tutti devono rispettare le regole. 모두가 규칙을 지켜야 한다.
→ Le regole devono **essere rispettate da** tutti. 규칙은 지켜져야 한다.
= Le regole **vanno rispettate da** tutti.

Che bel panorama!
전망이 아주 좋네요!

**Da qui si vede il lago
di Como.**
여기에서 꼬모 호수가 보여요.

● si를 이용한 수동태

'essere/venire + 타동사의 과거 분사' 형태 외에 'si + 동사의 3인칭 단수/복수' 형태로 수동문을 만들기도 합니다. si를 이용한 수동태 역시 목적어를 취하는 타동사로만 만들 수 있으며, 동사는 목적어의 수에 따라 3인칭 단수 혹은 복수가 됩니다. 이 수동문에는 행위주 보어(da + 행위주)를 쓸 수 없습니다.

A Firenze **si insegna** il coreano in molte scuole. 피렌체에 있는 많은 학교에서 한국어를 가르친다.

= A Firenze il coreano è/viene insegnato in molte scuole.

In Italia **si producono** molti tipi di vino. 이탈리아에서는 많은 종류의 와인이 생산된다.

= In Italia sono/vengono prodotti molti tipi di vino.

● 비인칭 구문

대상을 정확하게 명시하지 않고 일반적으로 '~하는 것은 ~하다'는 표현은 주로 'essere + 형용사/부사 + 동사 원형' 구조를 사용하여 비인칭 구문으로 만듭니다. 이때 essere 동사는 항상 3인칭 단수로 쓰이며 뒤에 나오는 동사 원형이 주어가 됩니다.

è necessario ~하는 것은 필요하다	**È necessario** fare sport. 운동을 할 필요가 있다.
è meglio ~하는 것이 더 낫다	**È meglio** stare in silenzio. 조용히 하고 있는 것이 더 낫다.
è possibile/impossibile ~하는 것은 가능/불가능하다	**È impossibile** vivere senza acqua. 물 없이 사는 것은 불가능하다.
è facile/difficile ~하는 것은 쉽다/어렵다	**È difficile** risparmiare soldi. 돈을 아끼는 것은 어렵다.
è vietato ~하는 것은 금지되다	**È vietato** fumare nei locali pubblici. 공공장소에서 흡연은 금지되어 있습니다.

Dove si produce?

In Veneto dove si coltiva un tipo di uva bianca che si chiama "Glera".

Marta	Buono questo vino, cos'è?
Antonio	È un Prosecco.
Marta	Dove si produce?
Antonio	In Veneto dove si coltiva un tipo di uva bianca che si chiama "Glera".
Marta	È veramente buono.
Antonio	Si abbina bene a pesce e frutti di mare.
Marta	Ma nel Nord d'Italia vengono prodotti solo vini bianchi?
Antonio	No, si producono anche vini rossi straordinari, come l'Amarone.

마르타	이 와인 맛있네요, 무슨 와인이에요?
안토니오	프로세코예요.
마르타	어디에서 생산돼요?
안토니오	'글레라'라고 불리는 백포도 품종이 재배되는 베네토에서요.
마르타	정말 맛있어요.
안토니오	생선이나 해산물과 잘 어울려요.
마르타	이탈리아 북부 지역에서는 화이트 와인만 생산되나요?
안토니오	아니에요, 아마로네와 같은 우수한 레드 와인도 생산돼요.

 대화 TIP

abbinarsi a는 '~와/과 어울리다'는 뜻으로 옷이나 음식, 색깔 등에 자주 쓰입니다.

Il vino rosso si abbina molto bene alla carne.
레드 와인은 고기와 아주 잘 어울린다.

Avete una camicia da abbinare a questi pantaloni?
이 바지와 어울릴만한 블라우스가 있나요?

새 단어 및 표현

vino *m.* 와인
produrre 생산하다
coltivare 재배하다
uva *f.* 포도
frutti di mare *m.* 해산물
straordinario/a 놀라운, 특별한

Avete una camera matrimoniale per una settimana.

È possibile utilizzare il wi-fi gratuitamente in camera?

Elisabetta	Salve, abbiamo una prenotazione a nome "Verdi".
Receptionist	Benvenuti! Avete una camera matrimoniale per una settimana.
Elisabetta	È possibile utilizzare il wi-fi gratuitamente in camera?
Receptionist	Certo! Potete anche avere accesso al nostro centro benessere con piscina coperta e sauna.
Elisabetta	Benissimo! Ho solo un'ultima domanda: è consentito tenere cani in camera?
Receptionist	Soltanto cani di piccola taglia, ma è vietato portarli nel ristorante.

엘리자베타	안녕하세요, '베르디' 이름으로 예약했어요.
리셉션	어서 오세요! 더블룸을 일주일간 예약하셨네요.
엘리자베타	객실에서 무료로 와이파이를 이용할 수 있나요?
리셉션	물론입니다! 실내 수영장과 사우나가 있는 스파도 이용 가능하세요.
엘리자베타	아주 좋군요! 마지막으로 질문이 하나 있어요. 객실 내에 개를 데리고 있을 수 있나요?
리셉션	소형견만 허용됩니다. 단, 레스토랑에 동반하는 것은 금지되어 있습니다.

 대화 TIP

è consentito는 '~이/가 허용되다/허락되다'는 뜻으로 주어로 명사나 동사가 올 수 있습니다. 여기에서 **consentito**는 **consentire** 동사의 과거 분사형입니다.

È consentito utilizzare dispositivi elettronici a bordo.
기내에서 전자 기기를 사용할 수 있습니다.

L'accesso è consentito solo agli adulti. 성인들만 출입 가능합니다.

새 단어 및 표현

camera matrimoniale *f.* 더블룸
utilizzare 이용하다
gratuitamente 무료로
accesso *m.* 접근, 출입
centro benessere *m.* 스파
piscina coperta *f.* 실내 수영장
taglia *f.* 크기

수량을 나타내는 표현

una tazza di tè

차 한 잔

una fetta di formaggio

치즈 한 조각

un pizzico di sale

소금 한 꼬집

una lattina di coca cola

콜라 한 캔

una scatoletta di tonno

참치 한 캔

una bottiglia di acqua

물 한 병

un bicchiere di birra

맥주 한 잔

un cucchiaio di zucchero

설탕 한 스푼

un vasetto di miele

꿀 한 병

un litro di latte

우유 1리터

un sacchetto di fagioli

콩 한 봉지

una manciata di ciliege

체리 한 움큼

재미난 관용 표현

Maria ha le mani bucate.

Non riuscirà mai a risparmiare abbastanza per comprarsi una casa.

A 마리아는 씀씀이가 헤퍼.

B 그녀는 결코 집 장만할 돈을 모으지 못할 거야.

▶ avere le mani bucate
손에 구멍이 나다 (손에 구멍이 나서 돈이 줄줄 샌다는 뜻)

Ti piace molto mangiare!

Sì, sono una buona forchetta.

A 너는 먹는 것을 무척 좋아하는구나!

B 네, 저는 대식가예요.

▶ essere una buona forchetta
좋은 포크이다 (포크가 좋으면 잘 먹을 수 있다는 뜻)

Mi stai ascoltando?

Scusa, avevo la testa fra le nuvole.

A 내 말 듣고 있니?

B 미안, 딴 데 정신이 팔려 있었어.

▶ avere la testa fra le nuvole
머리가 구름 속에 있다 (딴 생각을 하다, 산만하다는 뜻)

Il professore ha un diavolo per capello.

Ha scoperto che abbiamo copiato all'esame.

A 교수님이 몹시 화나셨어.

B 우리가 커닝한 걸 아셨어.

▶ avere un diavolo per capello
머리카락에 악마가 숨어 있다 (머리끝까지 화가 난다는 뜻)

연습 문제 Esercizi

문법

1 주어진 동사를 알맞은 형태의 수동태로 바꿔 문장을 완성하세요.

(1) La nonna (amare) _____ molto _____ dai suoi nipoti.

(2) Questa rivista (leggere) _____ da molte persone.

(3) L'America (scoprire) _____ da Cristoforo Colombo nel 1492.

(4) Questi spaghetti (cucinare) _____ da mia nonna questo pomeriggio.

★ scoprire 발견하다

2 능동문을 수동문으로 바꾸세요.

(1) Ogni mattina Marco pulisce la camera.

→ _____

(2) I carabinieri hanno arrestato i ladri.

→ _____

(3) Leonardo Da Vinci ha dipinto "La Gioconda".

→ _____

(4) In vacanza i turisti scattano sempre molte fotografie.

→ _____

3 그림과 관련된 문장을 연결하세요.

(1)

•   • ⓐ È necessario allacciare le cinture di sicurezza.

(2)

•   • ⓑ Non è consentito usare il cellulare.

(3)

•   • ⓒ È vietato fumare nei locali pubblici.

★ cinture di sicurezza f. 안전벨트

듣기 ● 녹음을 듣고 무엇에 대한 설명인지 고르세요.

(1) ① microonde　　　　　　　② ascensore

　　③ macchina fotografica　　④ frigorifero

(2) ① lavatrice　　　　　　　② ascensore

　　③ televisore　　　　　　④ bicicletta

★ elettrodomestico *m.* 가전제품 | microonde *m.* 전자레인지 | trasporto *m.* 이동 | incendio *m.* 화재

읽기 ● 다음 글을 읽고 질문에 답하세요.

> **Bed & Breakfast** - Casa di Donatella

Patrizia
★★★
Abbiamo passato tre giorni perfetti. La casa è molto carina e spaziosa.
Dalla stazione centrale ci vogliono 10 minuti a piedi. ⓐ È comodo arrivare in
centro, la fermata dell'autobus è a 50 metri.

Andrea
★★☆
L'appartamento ⓑ mi è piaciuto molto, però l'aria condizionata non funziona
correttamente, ⓒ va riparata al più presto.

Mario
★☆☆
Casa di Donatella si trova in un quartiere molto tranquillo. La casa ⓓ è stata
restaurata recentemente. L'unico problema è che l'internet è molto lento.

(1) 위 내용과 일치하는 것을 고르세요.

① Casa di Donatella는 기차역에서 버스로 10분 거리에 위치한다.
② Casa di Donatella의 인터넷은 작동하지 않는다.
③ 안드레아는 에어컨이 잘 작동하지 않지만 문제없다고 후기를 남겼다.
④ Casa di Donatella는 최근에 새로 수리되었다.

(2) ⓐ ~ ⓓ 중 수동태가 <u>아닌</u> 것을 모두 고르세요.

★ quartiere *m.* 지역, 구역 | restaurare 수리하다, 고치다 | recentemente 최근에

3천 년의 역사를 가진 이탈리아 와인

이탈리아인들의 식탁에서 빠지지 않는 것은 와인입니다. 와인의 역사는 음식의 역사와 궤적을 함께해 왔습니다. 다채로운 음식 문화를 가진 이탈리아는 수천 년 동안 다양한 음식에 맞는 와인을 발전시켜 왔으며 3천 년의 와인 역사를 가지고 있습니다.

고대에 이탈리아는 '와인의 땅'이라는 뜻의 '에노트리아 텔루스(Enotria tellus)'라 불렸습니다. 이탈리아에서 포도를 재배하기 시작한 시기는 기원전 천 년경으로 고대 그리스가 지중해 분지에 식민 도시를 건설했을 당시입니다. 최초로 포도 경작이 이루어진 지역은 고대 그리스인들의 상업 기지 역할을 하던 시칠리아와 칼라브리아였습니다. 기원전 3세기에 한니발이 로마군과 전쟁을 치르는 동안에도 이탈리아 남부 전체에서 포도 재배가 이루어지고 있었고 로마 제국 시기에는 북부와 알프스 이북까지 확산되었습니다. 그 후 야만족의 침입으로 잠시 침체기를 겪다가 르네상스 시기에 다시 활발히 재배되기 시작했습니다.

1960년대 말에 토스카나 지역을 시작으로 프리울리와 피에몬테, 뒤이어 이탈리아 전역에서 포도 재배와 포도주 양조의 현대화를 이루었습니다. 현재 이탈리아는 세계 최대 와인 생산국으로 연간 6천만 헥토리터(1헥토리터 = 100리터)에 해당하는 상당한 양의 와인을 생산하고 있습니다. 주로 토스카나, 피에몬테, 풀리아, 시칠리아, 에밀리아-로마냐, 베네토 지역에서 생산이 집중되어 있습니다.

키안티 클라시코

이탈리아의 와인은 엄격한 기준에 따라 총 4단계의 등급이 부여됩니다. 가장 높은 등급은 D.O.C.G.(Denominazione di Origine Controllata e Garantita: 원산지 통제 보증)와 D.O.C(원산지 통제 등급)로 일정 지역의 지리적 환경에서 생산 또는 제조가 이루어지는 것으로 인증받은 우수한 품질의 와인에 부여되는 등급입니다. 그다음으로 한정된 지역에서 재배되는 포도 품종으로 만들어진 와인에 부여하는 IGT(Indicazione Geografica Tipica: 생산지 표시), 마지막으로 평소에 가볍게 즐길 수 있는 데일리 와인으로 분류되는 VDT(Vino da Tavola: 테이블 와인) 등급이 있습니다.

이탈리아의 대표적인 와인은 무수히 많지만 우리나라에 잘 알려진 토스카나의 '키안티 클라시코(Chianti Classico)', 피에몬테의 '바롤로(Barolo)', 베네토의 '아마로네(Amarone)'가 있으며, 토스카나의 유일한 화이트 와인인 '베르나차 디 산 지미냐노(Vernaccia di San Gimignano)'가 있습니다. 특히 베르나차는 로마 교황과 메디치 가문이 즐겨 찾았으며 단테가 신곡의 연옥편에서 언급한 와인으로도 유명합니다.

바롤로

베르나차

아마로네

부록

- 추가 문법

- 동사 변화

- 정답

- 듣기 대본 · 읽기 지문 번역

- 색인 ① 이탈리아어 + 한국어

- 색인 ② 한국어 + 이탈리아어

추가 문법

✽ 예비과

어미를 통한 남성·여성 명사 구분

일반적으로 어미가 -o면 남성 명사, -a면 여성 명사, -e로 끝나면 남성 명사이거나 여성 명사입니다. 하지만 이러한 규칙을 따르지 않는 명사가 다음과 같이 다수 존재합니다.

(1) 불규칙 남성 명사 어미

어미	예		
-ma	tema 주제	cinema 영화(관)	programma 계획
-ore	fiore 꽃	colore 색깔	
-one	sapone 비누	pallone 공	
-ale	giornale 신문	ospedale 병원	
-ile	fucile 소총	sedile 좌석	
-ì	lunedì 월요일	martedì 화요일	
-자음	bar 바	sport 스포츠	computer 컴퓨터

(2) 불규칙 여성 명사 어미

어미	예	
-tà	libertà 자유	verità 진실
-tù	gioventù 젊음	virtù 덕
-i (대부분 여성)	crisi 위기	analisi 분석
-ione (대부분 여성)	lezione 수업	soluzione 해결
-ie (대부분 여성)	serie 연속	moglie 아내
-ice (대부분 여성)	lavatrice 세탁기	radice 뿌리

명사의 불규칙 복수형

(1) -o로 끝나는 여성 명사의 복수형은 단수형과 동일합니다.

la radio 라디오 (단수)　　　—　　　le radio 라디오 (복수)

la moto 오토바이 (단수)　　　—　　　le moto 오토바이 (복수)

la foto 사진 (단수)　　　—　　　le foto 사진 (복수)

> 참고
> moto, foto는 각각 motocicletta, fotografia의 줄임 표현입니다.

(2) -si로 끝나는 여성 명사는 단수형과 복수형이 동일합니다.

la crisi 위기 (단수)	—	le crisi 위기 (복수)
l'analisi 분석 (단수)	—	le analisi 분석 (복수)
la tesi 논문 (단수)	—	le tesi 논문 (복수)

(3) 자음으로 끝나는 명사(주로 외래어)는 대개 남성 명사이며, 단수형과 복수형이 동일합니다.

l'autobus 버스 (단수)	—	gli autobus 버스 (복수)
il computer 컴퓨터 (단수)	—	i computer 컴퓨터 (복수)
il bar 바 (단수)	—	i bar 바 (복수)

(4) -a로 끝나는 남성 명사의 복수형 어미는 -i입니다.

il problema 문제 (단수)	—	i problemi 문제 (복수)
il poeta 시인 (단수)	—	i poeti 시인 (복수)

(5) -ista로 끝나는 명사는 남성 단수형과 여성 단수형이 동일합니다. 단, 복수형의 경우 남성 명사의 어미는 -i, 여성 명사의 어미는 -e입니다.

farmacista *m.f.* 약사 (단수)	—	i farmacisti / le farmaciste 약사 (복수)
artista *m.f.* 예술가 (단수)	—	gli artisti / le artiste 예술가 (복수)
dentista *m.f.* 치과 의사 (단수)	—	i dentisti / le dentiste 치과 의사 (복수)

(6) 일반적으로 어미가 -io인 남성 명사의 복수형 어미는 -i입니다.

l'orologio 시계 (단수)	—	gli orologi 시계 (복수)
l'operaio 노동자 (단수)	—	gli operai 노동자 (복수)

> **주의**
> 어미 -io에서 i에 강세가 있는 경우 남성 명사의 복수형 어미는 -ii입니다.
> lo zio 삼촌 (단수) – gli zii 삼촌 (복수)

(7) 일반적으로 어미가 -co와 -go인 남성 명사의 복수형은 각각 -chi, -ghi입니다.

il tedesco 독일 사람 (단수)	—	i tedeschi 독일 사람 (복수)
l'albergo 호텔 (단수)	—	gli alberghi (복수)

> **주의**
> 예외인 경우도 있습니다.
> l'amico 친구 (단수) – gli amici 친구 (복수)
> lo psicologo 심리학자 (단수) – gli psicologi 심리학자 (복수)

(8) 어미가 -ca, -ga인 여성 명사의 복수형은 각각 -che, -ghe입니다.

l'amica 친구 (단수)   —   le amiche 친구 (복수)

la collega 동료 (단수)   —   le colleghe 동료 (복수)

(9) 어미가 -cia, -gia인 여성 명사의 복수형은 어미 -cia, -gia 바로 앞에 자음이 위치한 경우 -ce, -ge이며, 모음이 위치한 경우 -cie, -gie입니다.

l'arancia 오렌지 (단수)   —   le arance 오렌지 (복수)

la camicia 와이셔츠 (단수)   —   le camicie 와이셔츠 (복수)

(10) 그 외 복수형이 불규칙인 명사가 있습니다.

l'uomo *m.* 사람 (단수)   —   gli uomini *m.* 사람 (복수)

l'uovo *m.* 달걀 (단수)   —   le uova *f.* 달걀 (복수)

la mano *f.* 손 (단수)   —   le mani *f.* 손 (복수)

il braccio *m.* 팔 (단수)   —   le braccia *f.* 팔 (복수)

il ginocchio *m.* 무릎 (단수)   —   le ginocchia *f.* 무릎 (복수)

il dito *m.* 손가락 (단수)   —   le dita *f.* 손가락 (복수)

il labbro *m.* 입술 (단수)   —   le labbra *f.* 입술 (복수)

 1 과

명사와 형용사의 주어 일치

essere 동사 뒤에 주어를 꾸며 주는 명사나 형용사가 올 때, 명사와 형용사는 주어의 성과 수에 일치시킵니다.

Lui è studente. 그는 학생이다.   Lei è studentessa. 그녀는 학생이다.

Mario è alto. 마리오는 키가 크다.   Giulia è alta. 줄리아는 키가 크다.

국적을 묻는 표현

Di che nazionalità sei?로 국적을 물을 수 있습니다.

A   Di che nazionalità è Lei? 당신은 어느 나라 사람입니까?

B   Sono tedesco. 독일 사람입니다.

3 과

정관사 용법

(1) 특정화할 때: 이미 알고 있거나 앞서 언급된 특정한 명사 앞에 쓰입니다.

> In cortile c'è un cane. 마당에 개가 있습니다. (특정하지 않은 한 마리의 개)
> In cortile c'è il cane. 마당에 그 개가 있습니다. (앞서 언급된 특정 개)

(2) 유일성: 사람이든 사물이든 유일무이한 것을 표현할 때 쓰입니다.

> La luna è gialla. 달은 노란색입니다.
> Il papa vive a Roma. 교황은 로마에 삽니다.

(3) 지리적 명칭: 강, 호수, 섬, 바다, 산, 산맥과 같은 지리적 명칭 앞에 사용됩니다.

> La Sardegna è una bellissima regione. 사르데냐는 무척 아름다운 지역입니다.
> Il Po è il fiume più lungo d'Italia. 포강은 이탈리아에서 가장 긴 강입니다.

(4) 총칭 표현: 종이나 집단, 부류 전체를 특정할 때 쓰입니다.

> Il leone vive in Africa. 사자는 아프리카에 서식합니다.
> I soldati portano la divisa. 군인들은 군복을 착용합니다.

(5) 소유사 앞: 일반적으로 소유사 앞에는 정관사가 옵니다.

> La sua casa è molto grande. 그의 집은 무척 큽니다.
> Mi piace il mio lavoro. 나의 일을 좋아합니다.

(6) 시간, 날짜 표현: 시간이나 날짜를 표현할 때 쓰입니다.

> Oggi è il 26 novembre. 오늘은 11월 26일입니다.
> Sono le quattro e un quarto. 4시 15분입니다.

(7) 기타: 정관사가 지시 형용사와 부정 형용사를 대체하기도 합니다.

> Entro la (= questa) primavera prenderò la patente. 올봄까지 나는 운전면허증을 딸 것입니다.
> Il (= Ogni) sabato sera vado a ballare. 매주 토요일 저녁 나는 춤을 추러 갑니다.

5 과

불규칙 형용사

성질 형용사는 보통 명사 뒤에서 수식을 하지만 bello와 buono의 경우 명사 앞과 뒤에 모두 위치할 수 있습니다. 앞에서 명사를 수식할 경우 불규칙한 형태로 변화합니다.

(1) buono (좋은, 맛있는): 부정 관사와 동일한 규칙으로 변화합니다.

성	buono	용법	예
남성	buon	단수 남성 명사 앞	buon caffè 맛있는 커피
	buono	단수 남성 명사 중 s + 자음, x, y, z, pn, gn, ps와 같은 자음으로 시작하는 명사 앞	buono studente 좋은 학생
여성	buona	단수 여성 명사 앞	buona persona 좋은 사람
	buon'	모음으로 시작하는 여성 명사 앞	buon'amica 좋은 친구

(2) bello (멋진, 잘생긴, 아름다운): 정관사와 동일한 규칙으로 변화합니다.

성	수 단수	수 복수	용법	예
남성	bel	bei	자음으로 시작하는 남성 명사 앞	bel ragazzo 잘생긴 아이 bei ragazzi 잘생긴 아이들
	bello bell'	begli	모음으로 시작하는 남성 명사 앞, s + 자음, x, y, z, pn, gn, ps와 같은 자음으로 시작하는 남성 명사 앞	bello studente 멋진 학생 bell'amico 멋진 친구 begli studenti 멋진 학생들
여성	bella bell'	belle	여성 명사 앞	bella donna 아름다운 여성 bell'amica 멋진 친구 belle donne 아름다운 여성들

6 과

계절 묻고 답하기

A In che stagione siamo? (지금은) 무슨 계절입니까?
B Siamo in primavera. 봄입니다.

8 과

불규칙 제룬디오

제룬디오 형을 만들 때, 대부분의 동사는 규칙 형태로 변화하지만 다음의 일부 동사들(주로 원형이 -arre, -orre, -urre로 끝나는 동사)은 불규칙 형태를 보입니다.

fare ~하다	facendo	bere 마시다	bevendo
dire 말하다	dicendo	trarre 끌다	traendo
porre 놓다	ponendo	tradurre 번역하다	traducendo

11 과

장소에 따른 전치사

'~에 가다'라는 뜻으로 andare 동사와 함께 쓰여 목적지를 나타내는 장소 명사는 각기 다른 전치사를 사용합니다.

in + 목적지 ~에	in Italia 이탈리아에 in chiesa 교회에 in biblioteca 도서관에 in farmacia 약국에 in ufficio 사무실에	in pizzeria 피자 가게에 in centro 시내에 in Sardegna 사르데냐에 in montagna 산에 in banca 은행에
a + 목적지 ~에	a Roma 로마에 a casa 집에	a scuola 학교에 a teatro 극장에
a + 관사 + 목적지 ~에	al cinema 영화관에 al bar 바에 al ristorante 레스토랑에 al supermercato 슈퍼마켓에	al mare 바다에 all'università 대학교에 al mercato 시장에 al primo piano 1층에
da + 사람 ~의 집에	da Antonio 안토니오의 집에 da te 너의 집에 da lui 그의 집에	da me 나의 집에 da lei 그녀의 집에
da + 관사 + 직업 ~이/가 일하는 곳에	dal dentista 치과에 dal farmacista 약국에 dal fioraio 꽃집에	dal dottore 병원에 dal parrucchiere 미용실에

특별한 형태의 비교급·최상급을 갖는 형용사와 부사

일반적으로 형용사와 부사의 비교급은 più(더)와 meno(덜)를 이용해 만듭니다. 몇몇 형용사들은 이러한 일반적인 형태뿐만 아니라 다음과 같은 특별한 형태를 가집니다.

형용사	비교급	상대적 최상급	절대적 최상급
buono 좋은, 맛있는	più buono = migliore 더 좋은	il più buono = il migliore 가장 좋은, 최고의	buonissimo = ottimo 최고의
cattivo 나쁜, 맛없는	più cattivo = peggiore 더 나쁜	il più cattivo = il peggiore 가장 나쁜, 최악의	cattivissimo = pessimo 최악의
grande 큰	più grande = maggiore 더 큰	il più grande = il maggiore 가장 큰, 최대의	grandissimo = massimo 최대의
piccolo 작은	più piccolo = minore 더 작은	il più piccolo = il minore 가장 작은, 최소의	piccolissimo = minimo 최소의

부사 bene와 male의 경우, 일반적인 형태의 비교급이 아닌 특별한 형태만을 단독으로 취합니다.

부사	비교급	상대적 최상급	절대적 최상급
bene 잘, 좋게	meglio 더 잘	il meglio 아주(가장) 잘	benissimo 아주(가장) 잘
male 나쁘게, 안 좋게	peggio 더 안 좋게	il peggio 아주(가장) 안 좋게	malissimo 아주(가장) 안 좋게

타동사 복합 시제 '시제 조동사 avere + 과거 분사'의 성·수 일치

목적어가 타동사 뒤에 위치할 경우에 과거 분사 형태는 불변이지만, 목적어가 직접 목적 대명사(간접 목적 대명사는 해당하지 않음.)의 형태로 동사 앞에 위치할 경우에는 시제 조동사 avere를 이용한 복합 시제라 하더라도 과거 분사의 어미는 직접 목적 대명사에 성·수를 일치시켜야 합니다.

A Hai spedito la lettera? 너는 편지를 보냈니?
B Sì, l'ho già spedita. 응, (그것을) 이미 보냈어.

A Hai dato i fiori a Susanna? 수잔나에게 꽃을 주었니?
B No, non glieli ho dati. 아니, (그녀에게 그것들을) 주지 않았어.

조동사의 근과거

조동사의 복합 시제는 '시제 조동사 essere/avere + 조동사의 과거 분사 + 본동사의 원형' 형태이며, 본동사 특성에 따라 시제 조동사가 결정됩니다. 즉, 본동사가 자동사면 essere, 타동사면 avere가 시제 조동사로 쓰입니다.

시제 조동사	조동사			본동사
essere	dovere ~해야 한다	volere ~ 원하다	potere ~할 수 있다	andare 가다
sono				
sei	dovuto/a	voluto/a	potuto/a	
è				andare
siamo				
siete	dovuti/e	voluti/e	potuti/e	
sono				
avere	dovere ~해야 한다	volere ~ 원하다	potere ~할 수 있다	mangiare 먹다
ho				
hai				
ha	dovuto	voluto	potuto	mangiare
abbiamo				
avete				
hanno				

A Dove siete voluti andare? 너희들은 어디에 가고 싶었니?
B Siamo voluti andare a Londra. 우리는 런던에 가고 싶었어.

A Perché non sei venuto alla festa? 너는 왜 파티에 오지 않았어?
B Ho dovuto lavorare fino a tardi. 나는 늦게까지 일을 해야 했어.

16 과

단음절 2인칭 단수 명령형의 이중 자음화

2인칭 단수 명령형이 단음절로 이루어진 동사(dare - da', dire - di', stare - sta', fare - fa', andare - va')일 경우, 대명사와 결합 시 이중 자음화가 일어납니다. 단 gli는 이중 자음화가 되지 않습니다.

Fammi (fa' + mi) sapere il risultato! 내게 결과를 알려 줘!
Dicci (di' + ci) la verità! 우리에게 진실을 말해!
Dagli il mio indirizzo! 그에게 내 주소를 줘!

서수

첫 번째부터 열 번째까지는 고유의 표현이 존재하며 열한 번째부터는 기수의 마지막 모음을 삭제하고 -esimo/a를 붙여서 만듭니다.

undici + -esimo/a → undicesimo/a 열한 번째

11$^{o/a}$	undicesimo/a	23$^{o/a}$	ventitreesimo/a
12$^{o/a}$	dodicesimo/a	24$^{o/a}$	ventiquattresimo/a
13$^{o/a}$	tredicesimo/a	25$^{o/a}$	venticinquesimo/a
14$^{o/a}$	quattordicesimo/a	26$^{o/a}$	ventiseiesimo/a
15$^{o/a}$	quindicesimo/a	27$^{o/a}$	ventisettesimo/a
16$^{o/a}$	sedicesimo/a	28$^{o/a}$	ventottesimo/a
17$^{o/a}$	diciassettesimo/a	29$^{o/a}$	ventinovesimo/a
18$^{o/a}$	diciottesimo/a	30$^{o/a}$	trentesimo/a
19$^{o/a}$	diciannovesimo/a	100$^{o/a}$	centesimo/a
20$^{o/a}$	ventesimo/a	1.000$^{o/a}$	millesimo/a
21$^{o/a}$	ventunesimo/a	1.000.000$^{o/a}$	milionesimo/a
22$^{o/a}$	ventiduesimo/a		

주의

20번째 이상의 서수부터는 일의 자리가 3과 6인 경우, 마지막 모음을 삭제하지 않고 -esimo/a를 붙입니다.

동사 변화

규칙 동사

동사 원형 과거 분사	현재	반과거	단순 미래	명령법	조건법
parlare **parlato** 말하다	parlo parli parla parliamo parlate parlano	parlavo parlavi parlava parlavamo parlavate parlavano	parlerò parlerai parlerà parleremo parlerete parleranno	(tu) parla (Lei) parli (noi) parliamo (voi) parlate	parlerei parleresti parlerebbe parleremmo parlereste parlerebbero
credere **creduto** 믿다	credo credi crede crediamo credete credono	credevo credevi credeva credevamo credevate credevano	crederò crederai crederà crederemo crederete crederanno	(tu) credi (Lei) creda (noi) crediamo (voi) credete	crederei crederesti crederebbe crederemmo credereste crederebbero
partire **partito** 떠나다, 출발하다	parto parti parte partiamo partite partono	partivo partivi partiva partivamo partivate partivano	partirò partirai partirà partiremo partirete partiranno	(tu) parti (Lei) parta (noi) partiamo (voi) partite	partirei partiresti partirebbe partiremmo partireste partirebbero
finire **finito** 끝내다	finisco finisci finisce finiamo finite finiscono	finivo finivi finiva finivamo finivate finivano	finirò finirai finirà finiremo finirete finiranno	(tu) finisci (Lei) finisca (noi) finiamo (voi) finite	finirei finiresti finirebbe finiremmo finireste finirebbero

불규칙 동사

동사 원형 과거 분사	현재	반과거	단순 미래	명령법	조건법
andare **andato** 가다	vado vai va andiamo andate vanno	andavo andavi andava andavamo andavate andavano	andrò andrai andrà andremo andrete andranno	(tu) vai, va' (Lei) vada (noi) andiamo (voi) andate	andrei andresti andrebbe andremmo andreste andrebbero
avere **avuto** 가지다	ho hai ha abbiamo avete hanno	avevo avevi aveva avevamo avevate avevano	avrò avrai avrà avremo avrete avranno	(tu) abbi (Lei) abbia (noi) abbiamo (voi) abbiate	avrei avresti avrebbe avremmo avreste avrebbero
bere **bevuto** 마시다	bevo bevi beve beviamo bevete bevono	bevevo bevevi beveva bevevamo bevevate bevevano	berrò berrai berrà berremo berrete berranno	(tu) bevi (Lei) beva (noi) beviamo (voi) bevete	berrei berresti berrebbe berremmo berreste berrebbero
dare **dato** 주다	do dai dà diamo date danno	davo davi dava davamo davate davano	darò darai darà daremo darete daranno	(tu) dai, da' (Lei) dia (noi) diamo (voi) date	darei daresti darebbe daremmo dareste darebbero
dire **detto** 말하다	dico dici dice diciamo dite dicono	dicevo dicevi diceva dicevamo dicevate dicevano	dirò dirai dirà diremo direte diranno	(tu) di', dì (Lei) dica (noi) diciamo (voi) dite	direi diresti direbbe diremmo direste direbbero
dovere **dovuto** ~해야 한다	devo devi deve dobbiamo dovete devono	dovevo dovevi doveva dovevamo dovevate dovevano	dovrò dovrai dovrà dovremo dovrete dovranno		dovrei dovresti dovrebbe dovremmo dovreste dovrebbero

동사 원형 과거 분사	현재	반과거	단순 미래	명령법	조건법
essere **stato** ~이다, ~이/가 있다	sono sei è siamo siete sono	ero eri era eravamo eravate erano	sarò sarai sarà saremo sarete saranno	(tu) sii (Lei) sia (noi) siamo (voi) siate	sarei saresti sarebbe saremmo sareste sarebbero
fare **fatto** ~하다	faccio fai fa facciamo fate fanno	facevo facevi faceva facevamo facevate facevano	farò farai farà faremo farete faranno	(tu) fai, fa' (Lei) faccia (noi) facciamo (voi) fate	farei faresti farebbe faremmo fareste farebbero
piacere **piaciuto** 좋아하다	piaccio piaci piace piacciamo piacete piacciono	piacevo piacevi piaceva piacevamo piacevate piacevano	piacerò piacerai piacerà piaceremo piacerete piaceranno	(tu) piaci (Lei) piaccia (noi) piacciamo (voi) piacete	piacerei piaceresti piacerebbe piaceremmo piacereste piacerebbero
potere **potuto** ~할 수 있다	posso puoi può possiamo potete possono	potevo potevi poteva potevamo potevate potevano	potrò potrai potrà potremo potrete potranno		potrei potresti potrebbe potremmo potreste potrebbero
preferire **preferito** 선호하다	preferisco preferisci preferisce preferiamo preferite preferiscono	preferivo preferivi preferiva preferivamo preferivate preferivano	preferirò preferirai preferirà preferiremo preferirete preferiranno	(tu) preferisci (Lei) preferisca (noi) preferiamo (voi) preferite	preferirei preferiresti preferirebbe preferiremmo preferireste preferirebbero
rimanere **rimasto** 머무르다	rimango rimani rimane rimaniamo rimanete rimangono	rimanevo rimanevi rimaneva rimanevamo rimanevate rimanevano	rimarrò rimarrai rimarrà rimarremo rimarrete rimarranno	(tu) rimani (Lei) rimanga (noi) rimaniamo (voi) rimanete	rimarrei rimarresti rimarrebbe rimarremmo rimarreste rimarrebbero

동사 원형 과거 분사	현재	반과거	단순 미래	명령법	조건법
salire **salito** 오르다	salgo sali sale saliamo salite salgono	salivo salivi saliva salivamo salivate salivano	salirò salirai salirà saliremo salirete saliranno	(tu) sali (Lei) salga (noi) saliamo (voi) salite	salirei saliresti salirebbe saliremmo salireste salirebbero
sapere **saputo** 알다	so sai sa sappiamo sapete sanno	sapevo sapevi sapeva sapevamo sapevate sapevano	saprò saprai saprà sapremo saprete sapranno	(tu) sappi (Lei) sappia (noi) sappiamo (voi) sappiate	saprei sapresti saprebbe sapremmo sapreste saprebbero
scegliere **scelto** 고르다	scelgo scegli sceglie scegliamo scegliete scelgono	sceglievo sceglievi sceglieva sceglievamo sceglievate sceglievano	sceglierò sceglierai sceglierà sceglieremo sceglierete sceglieranno	(tu) scegli (Lei) scelga (noi) scegliamo (voi) scegliete	sceglierei sceglieresti sceglierebbe sceglieremmo scegliereste sceglierebbero
tenere **tenuto** 잡다, 유지하다	tengo tieni tiene teniamo tenete tengono	tenevo tenevi teneva tenevamo tenevate tenevano	terrò terrai terrà terremo terrete terranno	(tu) tieni (Lei) tenga (noi) teniamo (voi) tenete	terrei terresti terrebbe terremmo terreste terrebbero
tradurre **tradotto** 번역하다	traduco traduci traduce traduciamo traducete traducono	traducevo traducevi traduceva traducevamo traducevate traducevano	tradurrò tradurrai tradurrà tradurremo tradurrete tradurranno	(tu) traduci (Lei) traduca (noi) traduciamo (voi) traducete	tradurrei tradurresti tradurrebbe tradurremmo tradurreste tradurrebbero
uscire **uscito** 나가다	esco esci esce usciamo uscite escono	uscivo uscivi usciva uscivamo uscivate uscivano	uscirò uscirai uscirà usciremo uscirete usciranno	(tu) esci (Lei) esca (noi) usciamo (voi) uscite	uscirei usciresti uscirebbe usciremmo uscireste uscirebbero

동사 원형 과거 분사	현재	반과거	단순 미래	명령법	조건법
venire **venuto** 오다	vengo vieni viene veniamo venite vengono	venivo venivi veniva venivamo venivate venivano	verrò verrai verrà verremo verrete verranno	(tu) vieni (Lei) venga (noi) veniamo (voi) venite	verrei verresti verrebbe verremmo verreste verrebbero
volere **voluto** ~ 원하다	voglio vuoi vuole vogliamo volete vogliono	volevo volevi voleva volevamo volevate volevano	vorrò vorrai vorrà vorremo vorrete vorranno	(tu) vogli (Lei) voglia (noi) vogliamo (voi) vogliate	vorrei vorresti vorrebbe vorremmo vorreste vorrebbero

복합 시제

현재 진행형		근과거		대과거	
stare 현재형 + 제룬디오		시제 조동사 essere/avere 현재형 + 과거 분사		시제 조동사 essere/avere 반과거형 + 과거 분사	
sto stai sta stiamo state stanno	arrivando bevendo finendo	sono sei è	arrivato/a	ero eri era	arrivato/a
		siamo siete sono	arrivati/e	eravamo eravate erano	arrivati/e
		ho hai ha abbiamo avete hanno	bevuto finito	avevo avevi aveva avevamo avevate avevano	bevuto finito

2

남성형	libro, tavolo, fiore, letto, dottore, costoso
여성형	lezione, madre, buona, nuova
남녀 동형	interessante, felice

3 (1) bontà   (2) insegnanti
   (3) case   (4) regali
   (5) televisioni   (6) penne
   (7) problemi   (8) mani
   (9) mondi   (10) uova

1과

문법

1 (1) Io   (2) Lui
   (3) Noi   (4) Voi
   (5) Lei

2 (1) sono   (2) sono
   (3) siamo   (4) è

3 (1) Buongiorno   (2) ArrivederLa
   (3) Buongiorno   (4) Buonanotte

듣기

● (1) 아르헨티나, 부에노스아이레스
   (2) 이탈리아, 모데나
   (3) 일본, 도쿄
   (4) 미국, 샌프란시스코

읽기

● (1) ③   (2) ④   (3) ①

2과

문법

1 (1) stai   (2) sto
   (3) sta   (4) state, stiamo

2 (1) ha   (2) avete
   (3) hanno   (4) hai

3 (1) ⓒ   (2) ⓔ   (3) ⓑ
   (4) ⓐ   (5) ⓓ

듣기

● (1) ③   (2) ②

읽기

● (1) Ciao   (2) stai
   (3) Sto   (4) tu
   (5) Come mai   (6) ho

3과

문법

1 (1) ti chiami   (2) si chiama
   (3) vi chiamate   (4) si chiamano

2 (1) una, la   (2) un, l'
   (3) le   (4) un, il
   (5) uno, lo   (6) un, il
   (7) un, l'   (8) gli

3 (1) i libri nuovi
   (2) le penne rosse
   (3) i giornali interessanti
   (4) le finestre grandi
   (5) gli yogurt buoni

듣기

● (1) ②   (2) ④

읽기

● (1) ②   (2) ③

4과

문법

1 (1) questa, queste penne
   (2) quell', quegli orologi

(3) quest', questi amici

(4) quella, quelle chiavi

2 (1) il loro, i loro giornali

(2) il tuo, i tuoi fiori

(3) la nostra, le nostre biciclette

(4) suo, i suoi fratelli

3 (1) i nostri fratelli sono alti.

(2) non è mia sorella.

(3) è il mio portafoglio.

듣기

● (1) ③   (2) ③

읽기

● (1) ②   (2) ① – ⓑ, ② – ⓒ, ③ – ⓐ

5과

문법

1 (1) ci sono   (2) c'è

(3) ci sono   (4) c'è

2 (1) sopra   (2) vicino al

(3) a destra   (4) davanti

3 (1) Dove   (2) nella

(3) di fronte   (4) ci sono

듣기

● (1) ②   (2) ④

읽기

● (1) ○   (2) ✕   (3) ✕

(4) ✕   (5) ○

6과

문법

1 (1) venti

(2) millenovecentonovantasette

(3) ottocentocinquanta

(4) ventotto

(5) centodiciannove

(6) trentaquattromilasessanta

2 (1) Sono le sette e quindici. (= Sono le sette e un quarto.)

(2) Sono le dodici. (= È mezzogiorno.)

(3) Sono le tre e trenta. (= Sono le tre e mezzo/ mezza.)

(4) Sono le otto e cinquanta. (= Sono le nove meno dieci.)

(5) È l'una e quarantacinque.

(6) Sono le diciasette.

3 (1) Oggi è mercoledì.

(2) Domani è giovedì.

(3) Oggi è il 14 luglio.

(4) Siamo in estate.

듣기

● (1) ①   (2) ③   (3) ②

읽기

● (1) ②   (2) ③

7과

문법

1 (1) finite   (2) cantano

(3) mangia   (4) ascolti

(5) torniamo   (6) comincia

2 (1) ti svegli   (2) ci sediamo

(3) mi lavo   (4) si addormentano

3 (1) si lavano   (2) si trucca

(3) ci alziamo   (4) si veste

듣기

● (1) ⓒ   (2) ⓐ   (3) ⓓ   (4) ⓑ

읽기

● (1) F   (2) V   (3) F   (4) V

1 (1) fate (2) fa
  (3) faccio (4) fa
  (5) fanno

2 (1) Fa bel tempo. (2) È ventoso.
  (3) Piove. (4) Fa caldo.
  (5) Nevica.

● (1) ⓓ (2) ⓐ (3) ⓒ (4) ⓑ

● (1) F (2) F (3) V (4) F
  (5) V

1 (1) vuole (2) posso
  (3) devono (4) voglio
  (5) potete

2 (1) lo (2) la
  (3) ci (4) li

3 (1) conosci (2) so
  (3) sai (4) conoscete, sapete
  (5) sapere

● (1) ④ (2) ④

● (1) ②, Sai (2) la (3) ②, ③

1 (1) gli (2) ti
  (3) Le (4) mi
  (5) vi

2 (1) te lo (2) ve la
  (3) te la (4) glielo

3 (1) puoi (2) sapete
  (3) riesco (4) possiamo
  (5) sa

● (1) ③ (2) ①

● (1) 친구들과 볼링을 친다.
  (2) 건강에 좋기 때문이다.
  (3) 하루 종일 집에 있는 것

1 (1) va (2) venire
  (3) vanno (4) vengono

2 (1) in (2) a
  (3) dal (4) in, al

3 (1) ④, ⓑ (2) ②, ⓐ
  (3) ①, ⓓ (4) ③, ⓒ

● (1) ① (2) ② (3) ②

● (1) ② (2) ①, ③

문법

1 (1) come
   (2) tanto, quanto
   (3) tanto, quanto

2 (1) ① è più veloce della bicicletta.
      ② è meno veloce della macchina.
   (2) ① è più giovane di Giovanna.
      ② è meno giovane di Anna.
   (3) ① sono più care delle fragole.
      ② sono meno care delle mele.

3 (1) Il vino francese è buonissimo.
   (2) Questa valigia è pesantissima.
   (3) Questo monumento è importantissimo.

듣기

● (1) ① – 2L   ② – 2kg   ③ – 300g   ④ – 1병
   (2) ②

읽기

● (1) costa   (2) ③
   (3) 노란색 가방, 크기가 가장 크고 가격이 저렴하다.

문법

1 (1) ha comprato
   (2) è arrivata, ha telefonato
   (3) hai fatto
   (4) Mi sono seduto/a, ho parlato
   (5) siete tornati/e

2 (1) ③   (2) ②   (3) ①   (4) ④

듣기

● ③, ①, ④, ②

읽기

● (1) ⓑ – è, ⓓ – abbiamo
   (2) ②, ④

문법

1 (1) era
   (2) andavamo
   (3) aveva
   (4) faceva

2 (1) ho lavorato
   (2) aveva
   (3) facevamo, sono arrivati
   (4) era

3 (1) eravamo
   (2) sono andato
   (3) ha vissuto
   (4) attraversavano, hanno visto
   (5) è andato, aveva, ha dormito

듣기

● (1) ②   (2) ③   (3) ①

읽기

● ②

문법

1 (1) andrà
   (2) potrete
   (3) uscirà, telefonerà
   (4) rimarremo
   (5) verrai

2 (1) ⓐ   (2) ⓑ   (3) ⓒ

3 (1) Andrà al cinema.
   (2) Pranzerà con Silvia.
   (3) Finirà alle 11.

듣기

● (1) ③   (2) ③

읽기

- (1) ⓐ – festeggerò   ⓑ – inviterò
  ⓒ – ci saranno   ⓓ – porteranno
- (2) ①, ③
- (3) 어서 빨리 너를 만나고 싶어.

16과

문법

1 (1) faccia, mangi
  (2) dimentichiamo
  (3) sali, partiamo
  (4) dite

2 (1) Compralo!
  (2) Le mangi!
  (3) Ditegliela!
  (4) Parlami!

3 (1) Non fotografate!
  (2) Non fumare!
  (3) Non attraversiamo!
  (4) Non usate il cellulare!

듣기

- (1) ②   (2) ③

읽기

- (1) ③, ④   (2) X선 촬영을 한다.

17과

문법

1 (1) che   (2) chi
  (3) con cui   (4) cui
  (5) tutto quello che

2 (1) Ho perso il cellulare che mia sorella mi ha regalato.
  (2) Le ragazze che mi hai presentato sabato sera sono simpatiche.
  (3) La pizza che abbiamo ordinato è veramente buona.

3 (1) Ogni   (2) Qualche
  (3) Alcuni   (4) nessun
  (5) qualcosa

듣기

- ②, ①, ③

읽기

- ⑤

18과

문법

1 (1) era partito
  (2) era iniziato
  (3) avevano mangiato
  (4) avevo finito
  (5) avevo dimenticato

2 (1) stavi facendo
  (2) stavate parlando
  (3) stavo aspettando
  (4) stavamo guardando

3 (1) terzo   (2) quinto
  (3) tre quarti   (4) sesta

듣기

- (1) ⓑ   (2) ⓒ   (3) ⓐ

읽기

- (1) ③
- (2) 바티칸 박물관에 가서 미켈란젤로 작품을 감상한다.

19과

문법

1 (1) vorremmo
  (2) piacerebbe
  (3) dovrebbe
  (4) sarebbe arrivata
  (5) avrei fatto

2 (1) le (2) ne
  (3) li, i (4) ne, i

3 (1) ⓓ (2) ⓔ (3) ⓑ
  (4) ⓐ (5) ⓒ

듣기

● (1) ② (2) ③

읽기

● (1) ③ (2) ④ (3) ②
  (4) ① (5) ⑤

20과

문법

1 (1) è amata/viene amata
  (2) è letta/viene letta
  (3) è stata scoperta
  (4) sono stati cucinati

2 (1) Ogni mattina la camera è/viene pulita da Marco.
  (2) I ladri sono stati arrestati dai carabinieri.
  (3) "La Gioconda" è stata dipinta da Leonardo Da Vinci.
  (4) In vacanza molte fotografie sono/vengono scattate sempre dai turisti.

3 (1) ⓑ (2) ⓐ (3) ⓒ

듣기

● (1) ④ (2) ②

읽기

● (1) ④ (2) ⓐ, ⓑ

1과

듣기

(1) A Paulo, di dove sei?
B Sono argentino, di Buenos Aires.

(2) A Di dove è Fabio?
B Lui è italiano, di Modena.

(3) A Di dove sono Yuri e Tosio?
B Loro sono giapponesi, di Tokyo.

(4) A Bryan, di dove sei?
B Sono americano, di San Francisco.

(1) A 파울로, 너는 어디 출신이야?
B 나는 아르헨티나 사람이고 부에노스아이레스 출신이야.

(2) A 파비오는 어디 출신이에요?
B 파비오는 이탈리아 사람이고 모데나 출신이에요.

(3) A 유리와 토시오는 어디 출신이에요?
B 그들은 일본 사람이고 도쿄 출신이에요.

(4) A 브라이언, 너는 어디 출신이야?
B 나는 미국 사람이고 샌프란시스코 출신이야.

읽기

루카 안녕! 나는 루카야.
민아 안녕! 나는 민아야, 만나서 반가워!
루카 만나서 무척 반가워!
민아 너는 어디 출신이야?
루카 나는 이탈리아 사람이고 피사 출신이야, 너는?
민아 나는 서울 출신이야. 너는 학생이니?
루카 응, 나는 학생이야.

2과

듣기

Fabio Francesca, tutto bene?
Francesca Ciao Fabio, sto benissimo, grazie. E tu?
Fabio Mah… oggi sto proprio male!
Francesca Come mai?
Fabio Ho mal di denti.

파비오 프란체스카, 잘 지내?
프란체스카 안녕 파비오, 난 아주 잘 지내, 고마워. 너는?
파비오 음… 오늘은 정말 안 좋아!
프란체스카 어째서?
파비오 이가 아파.

읽기

민아 안녕, 루카!
루카 안녕, 민아!
민아 어떻게 지내?
루카 나는 아주 잘 지내, 고마워. 너는?
민아 그저 그래.
루카 어째서?
민아 요즘 머리가 심하게 아프거든.
루카 안됐구나.

3과

듣기

Mina Ciao, Paulo!
Paulo Ciao, Mina! Come si chiama la ragazza alta?
Mina Ah, lei è Susanna, la ragazza di Roberto.
Paulo È molto bella. Com'è lei?
Mina È una ragazza molto simpatica e anche intelligente.

민아 안녕, 파울로!
파울로 안녕, 민아! 키 큰 여자애 이름이 뭐야?
민아 아, 수잔나야. 로베르토의 여자 친구야.
파울로 정말 예쁘네. 어떤 애야?
민아 성격이 무척 좋고 똑똑하기도 해.

읽기

소피아 저 남자애 이름이 어떻게 돼?
루이지 그의 이름은 파비오야. 새로운 학생이야.
소피아 어디에서 왔어? (어디 출신이야?)
루이지 스페인 사람이고 마드리드 출신이야.
소피아 어때?
루이지 무척 쾌활한 아이야.

4과

듣기

A Quest'orologio è molto bello. Di chi è?
B È di Luigi, il fratello di Federico.

A 이 시계 정말 멋지다. 누구의 것이야?
B 페데리코의 형인 루이지 것이야.

읽기

A 파비오, 네 형의 이름은 뭐야?

B 그의 이름은 페데리코야.

A 그는 차를 가지고 있니?

B 응, 그의 차는 무척 커, 반면에 내 차는 작아.

A 그러면 저 빨간색 차는 누구의 것이야?

B 키아라의 것이야.

5과

듣기

A Dov'è la casa di Marco?

B È in via Nazionale.

A È vicino alla posta?

B No, vicino al parco e a destra dell'ospedale.

A 마르코의 집은 어디야?

B 나치오날레 길에 있어.

A 우체국 근처 말이야?

B 아니, 공원 근처이고 병원 오른편에 있어.

읽기

(1) 바는 슈퍼마켓과 은행 사이에 있다.

(2) 우체국은 은행 맞은편에 있다.

(3) 서점은 우체국 왼쪽에 있다.

(4) 슈퍼마켓은 바 뒤에 있다.

(5) 나무는 서점 옆에 있다.

6과

듣기

A Fabio, quando è il compleanno di Maria?

B Questo venerdì.

A Quanti ne abbiamo oggi?

B Oggi è il 16 maggio.

A Allora il suo compleanno è il 18 maggio.

A 파비오, 마리아의 생일은 언제야?

B 이번 주 금요일이야.

A 오늘이 며칠이지?

B 오늘은 5월 16일이야.

A 그러면 그녀의 생일은 5월 18일이구나.

읽기

A 지금 몇 시예요?

B 오후 3시예요.

A 멕시코시티는 몇 시예요?

B 8시예요.

A 저녁인가요?

B 아니요, 거기는 아침이에요. 멕시코는 이탈리아보다 7시간 느려요.

A 그러면 한국은 멕시코보다 14시간이 빠르네요.

7과

듣기

(1) A A che ora ti alzi?

B Mi alzo alle sei e mezzo.

(2) A A che ora comincia la lezione?

B La lezione comincia alle 9.

(3) A A che ora pranzi?

B Pranzo all'una.

(4) A A che ora vai a letto?

B Vado a letto alle 11.

(1) A 너는 몇 시에 일어나?

B 나는 6시 반에 일어나.

(2) A 수업은 몇 시에 시작해요?

B 수업은 9시에 시작해요.

(3) A 너는 몇 시에 점심을 먹어?

B 나는 1시에 점심을 먹어.

(4) A 너는 몇 시에 잠을 자니?

B 나는 11시에 잠자리에 들어.

읽기

사라는 항상 7시에 일어납니다. 알람 시계가 울리면 그녀는 바로 일어나서 샤워를 합니다. 그러고 나서 남편 카를로와 함께 아침 식사를 합니다. 사라는 커피를 마시고 카를로는 차를 마십니다. 카를로가 신문을 읽는 동안 사라는 화장을 합니다. 그들은 8시 30분에 버스를 탑니다.

듣기

(1) A Che cosa fa adesso Paolo?
    B Sta correndo nel parco.

(2) A Che cosa fa adesso Daniele?
    B Sta mangiando una pizza.

(3) A Che cosa fa adesso Fabio?
    B Sta dormendo.

(4) A Che cosa fa adesso Roberto?
    B Sta leggendo un libro.

(1) A 파올로는 지금 뭐 해?
    B 공원에서 달리고 있어.

(2) A 다니엘레는 지금 뭐 해?
    B 피자를 먹고 있어.

(3) A 파비오는 지금 뭐 해?
    B 잠을 자고 있어.

(4) A 로베르토는 지금 뭐 해?
    B 책을 읽고 있어.

읽기

우리는 조르조와 루이자입니다. 우리는 여가 시간이 많지 않아요. 보통 저녁에 일을 마치고 나서 TV로 영화를 봐요. 매주 일요일 외출을 하고 가끔 공원에서 산책을 해요.

안녕하세요? 제 이름은 안나예요. 공부를 열심히 하고 무척 바빠요. 여가 시간에는 음악을 듣고 기타를 연주해요. 주말에는 친구들과 외출해요.

9과

듣기

A Reception, buongiorno.

B Senta, in camera non funziona l'aria condizionata. Può mandare qualcuno, per favore?

A Mi dispiace, ma il fine settimana il tecnico non lavora.

B Che disastro! Non funziona neanche il wi-fi, il bagno è sporco e il letto è scomodo! Voglio cambiare camera!

A 리셉션입니다, 안녕하세요.

B 있잖아요, 방에 에어컨이 작동하지 않아요. 사람을 보내 주시겠어요?

A 죄송합니다만, 주말에는 수리 기사가 일을 하지 않아요.

B 정말 엉망이군요! 와이파이도 작동이 안 되고 화장실은 더럽고 침대는 불편해요! 방을 바꾸고 싶어요!

읽기

A 너 안젤라 알아?

B 응, 나는 그녀를 잘 알아. 내 룸메이트야.

A 그녀의 전화번호를 내게 줄래? 그녀를 오늘 저녁 식사에 초대하고 싶어.

B 너 요리할 줄 알아?

A 응, 제법 잘 해. 그런데 안젤라가 채식주의자인지 아닌지 알아?

B 아니, 몰라. 고기를 먹는지 그녀에게 물어볼게.

10과

듣기

Sara	Alberto, domani è il compleanno di Maria. Voglio comprarle un regalo.
Alberto	Cosa vuoi regalarle?
Sara	Sto pensando a un mazzo di fiori.
Alberto	Anch'io devo comprarle un regalo. Cosa mi consigli?
Sara	Ti consiglio di comprarle un bel libro.
Alberto	Buona idea!

사라	알베르토, 내일은 마리아 생일이야. 그녀에게 선물을 하고 싶어.
알베르토	무슨 선물을 하고 싶은데?
사라	꽃다발을 할까 생각 중이야.
알베르토	나도 그녀에게 선물을 해야 되는데, 내게 추천해 줄래?
사라	그녀에게 멋진 책 한 권을 사 주는 걸 추천할게.
알베르토	좋은 생각이야!

읽기

안녕하세요, 내 이름은 소냐예요. 나는 활동적인 아이예요. 나는 운동하는 것을 좋아해요. 주말에는 친구들과 함께 볼링을 쳐요. 나는 볼링을 아주 잘 쳐요. 요가 하는 것도 좋아해요. 매일 아침 여동생들과 요가를 해요. 요가는 건강에 좋기 때문이에요. 나는 하루 종일 집에 있는 것을 좋아하지 않아요.

11과

듣기

A Questo autobus arriva all'aeroporto di Roma?

B Sì, deve scendere al capolinea.

A Quanto tempo ci vuole?

B Circa mezz'ora.

A 이 버스는 로마 공항에 가나요?

B 네, 종점에서 내리면 됩니다.

A 얼마나 걸리나요?

B 30분 정도 걸려요.

읽기

안나 안녕, 얘들아, 오늘 저녁에 우리 집에 올래?

로베르토 응, 난 갈게. 린다 너는?

린다 나도 갈 수 있는데 먼저 세탁소에 들러야 해.

안나 그러면 몇 시에 도착할 것 같아?

린다 8시쯤. 너무 늦어?

안나 문제없어!

로베르토 그런데… 학교에서 너희 집에 가려면 얼마나 걸려?

안나 걸어서 10분이야.

12과

듣기

A Che cosa desidera?

B Vorrei tre etti di formaggio e due litri di latte.

A Le serve qualcos'altro? Oggi le fragole sono in offerta speciale.

B Quanto costano al chilo?

A 5 euro.

B Ok, prendo due chili di fragole e una bottiglia d'acqua.

A 무엇을 드릴까요?

B 치즈 300그램과 우유 2리터 주세요.

A 필요한 게 더 있나요? 오늘 딸기가 특가 세일 중입니다.

B 1킬로그램에 얼마예요?

A 5유로입니다.

B 좋아요, 딸기 2킬로그램과 물 한 병 살게요.

읽기

비양키 아주머니 이 검정색 가방은 매우 비싸네요. 더 저렴한 건 없나요?

점원 이 빨간색 가방은 100유로이고 반면에 이 노란색 가방은 50유로예요.

비양키 아주머니 검정색 가방이 노란색 가방보다 작지만 덜 저렴하네요.

점원 네, 최신 유행이라서 그래요.

비양키 아주머니 저는 큰 가방이 필요해요. 이 노란색 가방이 마음에 드는군요. 가장 크고 가장 저렴해요.

13과

듣기

Ieri sono andata al cinema con mia sorella. Dopo il film siamo andate a fare shopping e poi abbiamo mangiato la pizza. Verso le 9 di sera siamo tornate a casa. Io ho fatto i compiti e mia sorella è andata a letto presto. Abbiamo passato una bella giornata.

어제 나는 여동생과 영화관에 갔다. 영화를 보고 나서 우리는 쇼핑을 했고 피자를 먹었다. 우리는 저녁 9시쯤 집으로 돌아왔다. 나는 숙제를 했고 내 여동생은 일찍 잠자리에 들었다. 우리는 즐거운 하루를 보냈다.

읽기

작년에 나는 아르헨티나로 여행을 갔다. 친구 지나와 함께 떠났다. 하지만 그녀는 일주일 뒤 이탈리아로 돌아가야 했고 나는 10일을 더 머물렀다. 나와 지나는 아름다운 곳을 방문했고 멋진 사람들을 많이 만났다. 불행히도 약간의 문제가 있었다. 누군가 내 사진기를 훔쳐 갔기 때문이다.

14과

듣기

Quando ero piccolo, abitavo a Napoli. Avevo molti amici e con loro mi divertivo molto. Giocavo a calcio e suonavo qualche strumento. Mentre suonavo il pianoforte, mio fratello suonava la chitarra e i miei genitori cantavano.

나는 어렸을 때 나폴리에 살았다. 나는 친구가 많았고 그들과 함께 무척 재미있게 놀았다. 나는 축구를 했고 몇 가지 악기를 연주했다. 내가 피아노를 치는 동안 나의 남동생은 기타를 연주했고 부모님은 노래를 불렀다.

읽기

A 마르타, 20살 때 넌 어떤 모습이었어? 그때는 지금과 같지 않았니?

B 아니, 나는 무척 말랐었어. 머리는 길고 금발이었어. 그리고 안경을 썼어. 항상 짧은 치마를 입었고 빨간색 가방을 들고 다녔어.

15과

듣기

Fabio	Maria, hai un po' di tempo libero stasera?
Maria	Sì, stasera sono libera.
Fabio	Andiamo a mangiare una pizza?
Maria	Ottima idea!
Fabio	Chiediamo anche a Roberto?
Maria	Roberto andrà al cinema con Rossella.

파비오 마리아, 오늘 저녁에 시간 좀 있니?
마리아 응, 오늘 저녁에 한가해.
파비오 피자 먹으러 갈래?
마리아 아주 좋은 생각이야!
파비오 로베르토에게도 물어볼까?
마리아 로베르토는 로셀라와 영화 보러 갈 거야.

읽기

파올로에게,

어떻게 지내? 다음 주 토요일에 시간이 있는지 알고 싶어서 편지를 써. 친구들과 내 생일 파티를 할 거야. 나는 대학교 친구들을 초대할 거야. 당연히 먹을 것과 마실 것이 (준비되어) 있을 거고 좋은 음악도 있을 거야. 마르코와 내 룸메이트가 게임기도 가져올 거야. 너는 무조건 와야 해! 어서 네가 보고 싶어.

루치아가

16과

듣기

A Marco, che c'è? Non ti senti bene?

B Ho un po' di mal di testa e anche il naso chiuso.

A Hai il raffreddore.

B È probabile... Cosa devo fare?

A Fa' una doccia calda e prendi un po' di vitamina C.

A 마르코, 무슨 일이야? 몸이 좋지 않아?

B 머리가 조금 아프고 코도 막혔어.

A 감기 걸렸구나.

B 그런가 봐…. 어떻게 해야 되지?

A 따뜻한 물로 샤워하고 비타민 C를 먹어 봐.

읽기

의사	안녕하세요, 지랄디 씨. 말씀하세요!
지랄디 씨	있잖아요, 발목이 아프네요.
의사	연고를 드릴게요. 하루에 두 번 바르세요. 그리고 많이 걷지 않도록 하세요.
지랄디 씨	하지만 내일 시험을 보러 가야 하는걸요!
의사	친구에게 차를 태워 달라고 하세요. 통증이 가시지 않으면 X선 촬영을 해 봅시다.

17과

듣기

① Deve attraversare la piazza e poi girare a sinistra.

② Deve andare sempre dritto.

③ Deve andare dritto fino al primo incrocio, poi girare a destra.

① 광장을 가로지른 뒤 왼쪽으로 가세요.

② 앞으로 쭉 가세요.

③ 첫 번째 교차로까지 쭉 가서 오른쪽으로 가세요.

읽기

이 길 끝까지 쭉 가서 왼쪽으로 돌아요. 산타 마리아 마조레 성당이 보이면 오른쪽으로 돌아요. 'Via Roma'라 불리는 큰길을 따라 500미터를 가면 오른편에 그것이 보일 거예요.

18과

듣기

(1) Al fuoco! L'edificio è in fiamme.
(2) Al ladro! Mi hanno rubato la borsa.
(3) Mi sono rotto una gamba! Ho bisogno di un dottore.

(1) 불이야! 건물에 불이 났어요.
(2) 도둑이야! 내 가방을 훔쳐 갔어요.
(3) 다리가 부러졌어요! 의사가 필요해요.

읽기

수잔나에게,

나는 어제 로마에 도착했어. 오늘 아침에 로마 시내를 방문했는데, 로마는 고대 유적이 정말 많은 도시야. 점심에는 몇몇 친구들과 생선 요리를 맛있게 하는 레스토랑에 갔었는데, 너도 잘 다시피 난 생선을 좋아하지 않아. 사실은 그래서 난 피자를 주문했는데 정말 맛있었어. 내일도 오늘처럼 날씨가 좋으면 콜로세움을 보러 갈 거야. 그런데 비가 오면 미켈란젤로의 걸작을 감상하러 바티칸 박물관에 갈 거야.

엠마가

19과

듣기

A Desidera?
B Vorrei un caffè macchiato e un cornetto.
A Il cornetto alla marmellata o alla cioccolata?
B Non ci sono i cornetti alla crema?
A No, mi spiace, li abbiamo finiti.
B Allora prendo quello alla cioccolata. E potrei avere anche un bicchiere d'acqua?
A Certo.

A 뭘 드릴까요?
B 카페 마끼아또와 크로와상 하나 주세요.
A 잼이 든 크로와상 드릴까요? 초콜릿 크로와상 드릴까요?
B 크림 크로와상은 없나요?
A 네, 죄송하지만 그건 다 팔렸어요.
B 그러면 초콜릿 크로와상으로 할게요. 그리고 물 한 잔도 주시겠어요?
A 물론이죠.

읽기

손님   실례합니다, 빈자리가 있나요? 우리는 두 명입니다.
웨이터   물론이죠, 여기 앉으세요. 여기 메뉴예요.

몇 분 뒤

웨이터   주문하시겠어요?
손님   까르보나라 스파게티와 페스토 라자냐 주세요.
웨이터   곁들여 먹는 것은 뭐로 하시겠어요?
손님   혼합 샐러드 주세요.
웨이터   마실 것은요?
손님   생수 한 병 주세요.
웨이터   후식이나 커피를 드시겠어요?
손님   괜찮아요. 계산서를 주시겠어요?

20과

듣기

(1) Questo è uno degli elettrodomestici. Si usa per conservare gli alimenti. Grazie a questo è possibile mantenere i cibi freschi a lungo.
(2) Questo è uno strumento di trasporto. Si usa per salire al piano superiore o scendere al piano inferiore. È vietato usarlo in caso di incendio.

(1) 이것은 가전제품 중 하나입니다. 식품을 보관하는 데 이용됩니다. 이것 덕분에 음식을 오랫동안 신선하게 유지시킬 수 있습니다.
(2) 이것은 이동 수단입니다. 위층으로 올라가거나 아래층으로 내려올 때 사용합니다. 화재 시 사용이 금지됩니다.

읽기

파트리치아

우리는 완벽한 3일을 보냈습니다. 집은 정말 예쁘고 널찍합니다. 기차역에서 도보로 10분 걸립니다. 50미터 떨어진 곳에 버스 정류장이 있어 시내에 편리하게 도착할 수 있습니다.

안드레아

아파트는 매우 마음에 들었습니다. 하지만 에어컨이 제대로 작동하지 않습니다. 빠른 시일 내에 수리되어야 합니다.

마리오

Casa di Donatella는 매우 조용한 지역에 위치하고 있습니다. 집은 최근에 수리되었습니다. 유일한 문제점은 인터넷이 느리다는 것입니다.

A

H

G

I

T

기타

MEMO

MEMO

MEMO